그림으로 보는 삼국사기

김부식이 들려주는 우리 역사

⊙ **사진 제공**
14쪽-삼국사기(삼성현역사문화관), 15쪽-동국통감(국립중앙박물관)/승정원일기(국립중앙박물관), 17쪽-삼국사기(국립중앙박물관),
23쪽-삼국사기 표지(규장각한국학연구원), 26쪽-삼국유사(규장각한국학연구원/서울대학교 중앙도서관), 27쪽-삼국유사 표지(국립중앙박물관),
122쪽-고구려 불상(국립중앙박물관), 133쪽-호우명 그릇(국립중앙박물관)/광개토 대왕릉비(국립중앙박물관)/광개토 대왕 동상(구리시청),
135쪽-충주 고구려비(문화재청), 165쪽-연개소문 탈(국립민속박물관)

김부식이 들려주는 우리 역사
그림으로 보는 삼국사기 ❶

개정판 1쇄 발행 2024년 3월 10일
개정판 2쇄 발행 2025년 6월 10일

글 김부식 | **엮음** 임지호 | **그림** 한철호

발행인 오형석
편집장 이미현 | **편집** 정은혜 | **디자인** 이희승
발행처 (주)계림북스
신고번호 제2012-000204호 | **등록일자** 2000년 5월 22일
주소 서울시 마포구 창전로 74 여촌빌딩 3층
대표전화 (02)7079-900 | **팩스** (02)7079-956
도서문의 (02)7079-913
홈페이지 www.kyelimbook.com

ⓒ계림북스, 2024
이 책에 실린 글과 그림, 사진의 무단 전재나 복제를 금합니다.

ISBN 978-89-533-3464-9 74900 | 978-89-533-3463-2(세트)

김부식이 들려주는 우리 역사

그림으로 보는 삼국사기

글 김부식 | **엮음** 임지호 | 그림 한철호

계림북스
kyelimbooks

작가의 말

2천 년 전에 세워진 삼국의 역사가 생생하게 펼쳐집니다!

　주몽, 김유신, 을지문덕, 을파소, 최치원 등 우리가 잘 알고 있는 이 인물들은 어떤 일을 했으며 어느 시대에 살았을까요? 광개토 대왕, 진흥왕, 성왕 등 사극에서 흔히 보았던 임금들은 실제로 어떤 업적을 남겼을까요? 이러한 질문에 명쾌하게 답을 주는 책이 바로 〈삼국사기〉예요.

　〈삼국사기〉는 지금으로부터 약 2천 년 전 우리나라에 세워진 고구려, 백제, 신라에 대한 이야기를 담은 역사책이에요. 약 7백 년의 역사를 가진 고구려와 백제, 약 천 년의 역사를 가진 신라, 이 세 나라의 왕을 중심으로 여러 인물과 사건에 관한 기록이 담겨 있지요.

〈그림으로 보는 삼국사기〉에서는 김부식이 편찬한 〈삼국사기〉의 내용을 어린이들이 이해하기 쉽도록 핵심 내용들을 풀어 썼어요. 세 나라가 세워지고, 발전하고, 멸망하는 과정에서 등장하는 인물들, 즉 나라를 다스린 역대 임금들과 나라를 위해 싸운 영웅들, 올바른 정책으로 나라에 충성한 신하들과 부모에 효도한 효자들에 이르기까지 수많은 역사 속 인물의 이야기들이 재미있는 그림과 함께 생생하게 펼쳐져요. 그럼 삼국의 역사가 살아 숨 쉬는 〈그림으로 보는 삼국사기〉 속으로 떠나 볼까요?

엮은이 임지호

차례

삼국의 역사가 담긴 〈삼국사기〉

- 역사를 기록하다 ································ 12
  - 편년체, 기전체, 기사 본말체가 있어요
  - 〈삼국사기〉는 기전체로 쓰인 역사책이에요
- 우리나라에서 가장 오래된 역사책 ············ 16
  - 〈삼국사기〉는 가장 오래된 역사책이에요
  - 왜 〈삼국사기〉를 만들었나요?
  - 〈삼국사기〉를 쓴 김부식은 누구일까요?
  - 〈삼국사기〉에 대한 평가가 다양해요

삼국사기 배움터 ································ 24
중국 역사책에 기록된 우리나라

- 비슷한 듯 다른 〈삼국사기〉와 〈삼국유사〉 ······ 26
  - 〈삼국유사〉는 어떤 책인가요?
  - 〈삼국사기〉와 〈삼국유사〉는 어떻게 다른가요?

삼국사기 배움터 ································ 30
역사 기록을 중요하게 여긴 고구려, 백제, 신라

삼국사기 놀이터 알맞은 길 찾기 ·············· 32

고구려가 세워지고, 나라가 커져 가다

- 고구려의 시조, 동명 성왕 ······················ 36
  - 동부여가 세워졌어요
  - 주몽이 태어났어요
  - 금와의 아들들이 주몽을 싫어했어요
  - 물고기와 자라가 도와주었어요
  - 현명한 세 사람을 만나 고구려를 세웠어요
  - 비류국 송양을 항복시켰어요
- 국내성으로 도읍을 옮긴 제2대 유리왕 ········ 48
  - 유리가 주몽을 찾아갔어요
  - 돼지 덕분에 국내성으로 도읍을 옮겼어요
  - 해명 태자와 황룡국의 활
  - 화희와 치희, '황조가' 이야기
- 성장의 기초를 다진 제3대 대무신왕 ·········· 56
  - 부여 정벌에 실패했어요
  - 을두지의 잉어 전략
  - 호동 왕자와 낙랑 공주의 비극적인 사랑
- 영토를 넓히고 왕권을 강화한 제6대 태조왕 ···· 62
  - 두로가 모본왕을 죽였어요
  - 영토를 넓히고 지방을 보살폈어요
  - 중국의 후한과 상대했어요

위기 속에서 흔들리는 나라의 운명

　　－ 동생에게 왕위를 넘겨주었어요

• 제7대 차대왕과 나라를 안정시킨 제8대 신대왕 · 70

　　－ 폭정을 일삼은 차대왕

　　－ 신대왕과 명림답부의 청야 작전

• 제9대 고국천왕의 개혁 정책 ············ 74

　　－ 반란을 제압하고 새로운 사람을 뽑았어요

　　－ 백성의 삶을 돌본 국상, 을파소

　　－ 진대법을 실시했어요

삼국사기 배움터 ···················· 80
고구려를 이룬 다섯 부족

삼국사기 놀이터 알맞은 것끼리 선 긋기 ······ 82

• 두 왕을 차지한 우 왕후와 제10대 산상왕 ········ 86

　　－ 우 왕후가 계략을 꾸몄어요

　　－ 발기가 반란을 일으켰어요

　　－ 산상왕이 주통촌 여인에게서 아들을 얻었어요

• 인자하고 용맹한 제11대 동천왕 ········ 92

　　－ 아슬아슬하게 태어났어요

　　－ 위나라 관구검과의 전투가 벌어졌어요

　　－ 위기 속에서 빛난 밀우와 유유

• 폭군 제14대 봉상왕 ················ 98

　　－ 작은아버지와 동생을 죽였어요

　　－ 고노자가 모용외를 물리쳤어요

　　－ 백성들의 고통과 국상 창조리의 고민

　　－ 창조리가 봉상왕을 폐위시켰어요

위기를 극복하고 강력한 고구려로 나아가다

삼국사기 배움터 ·········· 106
왕을 내쫓은 신하들

- **소금 장수에서 왕이 된 제15대 미천왕** ·········· 108
  - 소금 장수, 을불
  - 중국 세력을 몰아냈어요

- **강적들에게 시달린 제16대 고국원왕** ·········· 112
  - 전연의 모용황이 고구려를 침략했어요
  - 환도성이 무너지고, 미천왕의 시신을 빼앗겼어요
  - 고국원왕이 백제 근초고왕과 싸우다 전사했어요

삼국사기 놀이터 다른 그림 찾기 ·········· 118

- **나라 안을 정비한 제17대 소수림왕** ·········· 122
  - 나라의 토대를 마련했어요
  - 도약을 위한 밑거름이 되었어요

- **고구려의 적은 후연과 백제! 제18대 고국양왕** ·········· 126
  - 요동을 공격하고, 신라를 같은 편으로

- **영토를 넓혀라! 제19대 광개토 대왕** ·········· 128
  - 백제와 거란을 공격했어요
  - 중국 후연에 맞서 싸웠어요

삼국사기 배움터 ·········· 132
광개토 대왕의 업적을 기린 '광개토 대왕릉비'

- **평화의 시대를 연 제20대 장수왕** ·········· 134
  - 평양으로 도읍을 옮기고 백제 한성을 공격했어요
  - 조공 외교로 전성기를 맞이한 고구려

- **불안한 평화의 시대, 제25대 평원왕** ·········· 138
  - 중국을 통일한 수나라
  - 위아래에서 압박을 받았어요

삼국사기 배움터 ·········· 142
고구려의 도읍을 찾아서

삼국사기 놀이터 경쟁자 연결하기 ·········· 144

수·당과의 전쟁과 고구려의 멸망

- **수나라와 운명을 같이한 제26대 영양왕** ········ 148
  - 수나라와의 1차 전쟁
  - 후방을 든든히 하고 역사책을 만들었어요
  - 수나라와의 2차 전쟁
  - 을지문덕의 작전으로 살수 대첩을 승리로 이끌었어요
  - 계속된 전쟁과 수나라의 멸망
- **평화를 고집하다 비극을 맞은 제27대 영류왕** ······ 158
  - 당나라의 건국과 영류왕의 친당 정책
  - 천리장성과 진대덕의 스파이 활동
  - 연개소문이 영류왕을 죽였어요

삼국사기 배움터 ················ 164
고구려 말 최고 권력자, 연개소문

- **나라의 멸망을 바라본 제28대 보장왕** ·········· 166
  - 연개소문이 당 사신과 말다툼을 벌였어요
  - 당나라의 제1차 대규모 침공
  - 당나라의 침략을 멈추게 한 안시성 전투
  - 당의 '치고 빠지기' 작전과 당 태종의 죽음
  - 백제의 멸망과 당나라의 제2차 대규모 침공
  - 연개소문이 죽고 세 아들의 권력 다툼이 일어났어요
  - 고구려가 멸망했어요

삼국사기 배움터 ················ 180
고구려 부흥 운동과 발해의 건국

삼국사기 놀이터 순서대로 번호 쓰기 ········ 182

삼국사기 놀이터 정답 ················ 184

〈부록〉고구려 왕조 계보

〈삼국사기〉는 고구려, 백제, 신라의 역사를 알 수 있는 가장 오래된 역사책이에요. 1145년 고려 인종 때 김부식과 여러 관리들이 만든 이후 여러 번 인쇄되었고, 중국 송나라에까지 전해졌어요. 고려 말에 사라질 뻔한 적도 있었지만 다행히 조선 초에 뜻있는 몇몇 학자들의 노력으로 지금까지 전해질 수 있었지요. 만약 〈삼국사기〉가 전해지지 않았다면 삼국의 왕조와 김유신, 온달, 을지문덕 등 역사 속 인물들을 알기 어려웠을 거예요.

소중한 우리 역사가 기록된 〈삼국사기〉 속으로 들어가 보아요.

역사를 기록하다

편년체, 기전체, 기사 본말체가 있어요

역사를 기록하는 방식에는 크게 편년체, 기전체, 기사 본말체 등이 있어요. '편년체'는 역사를 연, 월, 일의 순서로 기록하는 방식이에요. 편년체로 기록한 책 중에 가장 오래된 책은 공자가 노나라의 역사를 기록한 〈춘추〉예요. 중국의 사마광이 쓴 〈자치통감〉★, 조선 왕들의 25대, 472년 동안 일어난 일들을 기록한 〈조선왕조실록〉 등이 편년체 역사책이에요.

★ 자치통감 중국 송나라의 사마광이 전국 시대부터 송나라 건국 직전까지 1362년간의 역사를 연대순으로 묶어 1084년에 완성했어요.

삼국의 역사가 담긴 <삼국사기>

역사를 기록할 때 인물의 개인 전기를 기록하는 것을 '기전체'라고 해요. '본기'는 주로 황제와 왕에 대한 기록이며, '열전'은 장군, 신하 등 여러 인물의 기록이지요. 기전체란 이름은 가장 중요한 항목인 본기의 '기'와 열전의 '전'에서 따온 말이에요. 황제에게 땅을 하사받은 제후들의 기록이나 생활, 제도 등에 관한 기록, 연표도 포함돼요. 중국 사마천의 <사기>가 기전체로 된 첫 역사책이에요.

'기사 본말체'는 연대나 인물이 아닌 사건에 제목을 붙이고 관계있는 일들을 한데 모아 기록하는 방식이에요. 기사 본말체로 쓰인 역사책으로는 <연려실기술>이 있어요.

〈삼국사기〉는 기전체로 쓰인 역사책이에요

기전체는 사마천의 〈사기〉 이후 〈한서〉, 〈삼국지〉, 〈신당서〉 등 중국 역사책을 기록하는 대표적인 방식이 되었어요. 〈삼국사기〉 역시 기전체로 된 역사책이에요. 고려 초에 만들어진 삼국에 관한 역사책인 〈구삼국사〉가 기전체로 쓰였다고 하는데, 오늘날 전해지지 않아요. 〈삼국사기〉는 총 50권으로 본기 28권, 열전 10권, 연표 3권, 잡지 9권으로 이루어져 있어요.

〈사기〉는 총 130권 가운데 열전이 70권으로 '열전 중심'인 반면 〈삼국사기〉는 반 이상이 본기로 구성되어 있는 '본기 중심'의 역사책이에요.

〈조선왕조실록〉을 비롯해 〈승정원일기〉★, 〈동국통감〉★ 등 우리나라의 역사책은 대체로 편년체로 쓰였고, 기전체로 쓰인 역사책은 적은 편이에요. 조선 초기에 김종서, 정인지 등이 만든 〈고려사〉가 대표적인 기전체 역사책이지요.

★ **승정원일기** 조선 시대에 승정원에서 다루었던 문서와 사건을 기록한 역사책이에요. 승정원은 왕명이 나가고 들어오는 것을 담당하던 곳이에요.
★ **동국통감** 조선 성종 때 서거정 등이 만든 역사책으로, 고조선부터 고려 말까지의 역사를 담았어요.

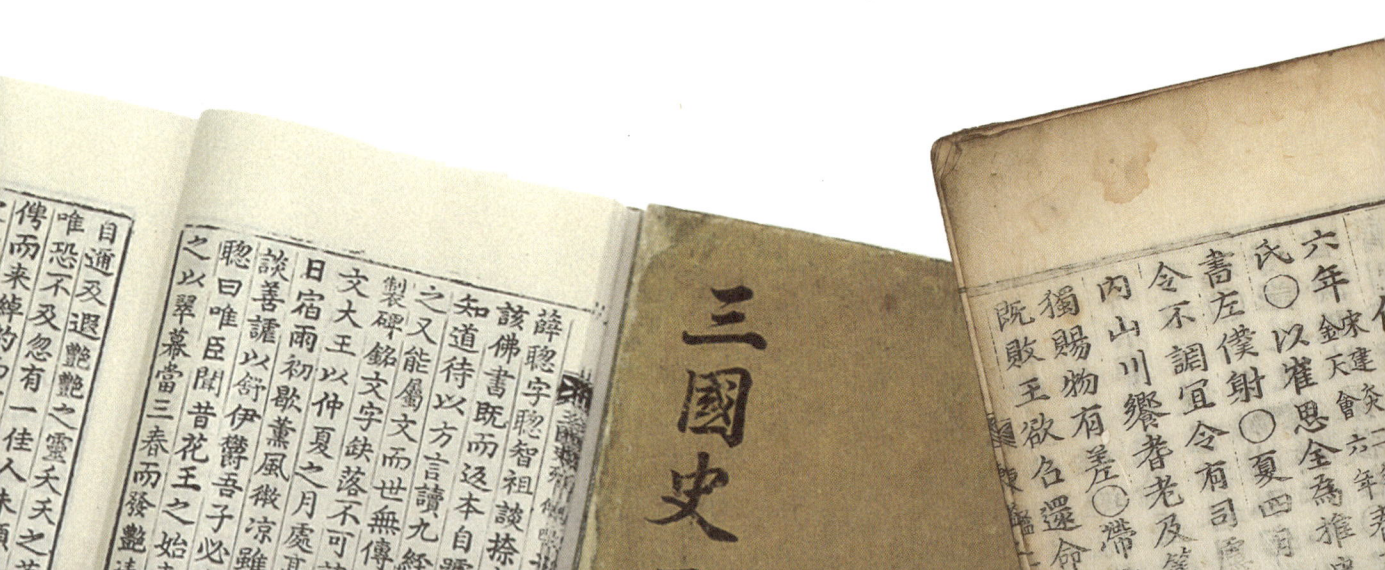

우리나라에서 가장 오래된 역사책

〈삼국사기〉는 가장 오래된 역사책이에요

〈삼국사기〉는 현재 우리나라에 전해져 오는 가장 오래된 역사책이에요. 기원전 57년 박혁거세가 태어난 때부터 935년 신라가 고려에 항복하고, 신라의 마지막 왕인 경순왕이 세상을 떠난 때까지의 삼국의 정치, 경제, 외교 등을 다루었어요.

〈삼국사기〉를 쓴 사람은 김부식이에요. 하지만 김부식 혼자서 다 쓰지는 않았어요. 김부식 외에 열 명의 관리들이 〈삼국사기〉를 만드는 작업에 참여했어요. 〈삼국사기〉 맨 뒷부분에 이들의 이름이 기록되어 있지요.

◆ 고구려 건국 전 동부여의 이야기가 나오지만 정확한 연대는 알 수 없어요.

삼국의 역사가 담긴 〈삼국사기〉

본기는 신라 12권, 고구려 10권, 백제 6권의 순서로 구성되어 있어요. 본기에는 왕을 중심으로 한 업적이나 천재지변, 관리의 임명, 전쟁 등에 관한 내용이 들어 있어요. 그다음은 상·중·하로 된 연표로, 중국과 삼국의 연표가 간단하게 정리되어 있어요. 이어 잡지에는 제사와 음악, 관복과 삼국의 지리, 관직 등에 대해 쓰여 있어요. 열전에는 장군이나 학자, 충신과 반역자, 효자와 열녀 등의 이야기가 담겨 있지요. 삼국 통일의 주역인 김유신의 이야기가 3권으로 가장 많이 다뤄졌어요.

왜 〈삼국사기〉를 만들었나요?

〈삼국사기〉가 나오기 이전에 만들어진 〈구삼국사〉도 고구려, 백제, 신라에 관한 역사책이에요. 그리고 중국의 여러 역사책에도 우리나라의 생활 모습이나 문화에 대해 기록되어 있어요. 그렇다면 역사책이 있는데 왜 새롭게 역사책을 펴냈을까요? 김부식은 〈삼국사기〉 편찬을 끝낸 뒤 고려의 제17대 임금인 인종에게 바치는 '진삼국사기표'라는 글에서 이유를 밝혔어요.

삼국의 역사가 담긴 〈삼국사기〉

첫째, 고려 학자들이 중국 역사보다 우리나라 역사를 잘 모르기 때문이에요.
둘째, 중국 역사책은 우리나라에 대해 비교적 간단하게 다루었어요.
셋째, 이전에 나왔던 역사책의 문장이 거칠고 매끄럽지 않으며, 역사 기록이 빠져 있기 때문이에요. 그래서 임금이 선한지 악한지, 신하가 충성스러운지 간사한지, 나라가 평안한지 위험한지, 백성이 잘 사는지 못 사는지를 파악하지 못했다고 했어요. 이처럼 〈삼국사기〉는 우리 역사를 제대로 돌아보자는 뜻이 담긴 자주적인 역사책이라고 할 수 있지요.

〈삼국사기〉를 쓴 김부식은 누구일까요?

김부식은 고려 중기의 유학자로, 학식이 높고 한문을 쓰는 능력이 뛰어났어요. 42세에 송나라에 사신으로 갔을 때는 황제로부터 〈자치통감〉을 선물로 받았어요. 이 〈자치통감〉은 김부식이 〈삼국사기〉를 편찬하는 데 도움이 되었지요. 또한 김부식은 개경에서 서경으로 도읍을 옮기자며 반란을 일으킨 묘청 등을 제압한 정치인이기도 했어요. 이 공로로 김부식은 높은 지위에 올랐지만, 정적이 생겨 스스로 벼슬자리에서 물러났지요.

★**정적** 정치적으로 반대편에 있는 사람을 뜻해요.

삼국의 역사가 담긴 〈삼국사기〉

김부식이 벼슬에서 물러나자, 인종은 김부식에게 〈삼국사기〉를 만들도록 명했어요. 김부식 외에 10명의 편찬자들은 책을 집필하는 데 필요한 자료들을 모으고 정리했어요. 이들은 지금은 전해지지 않는 〈구삼국사〉, 김대문의 〈고승전〉, 〈계림잡전〉, 최치원의 〈제왕연대력〉 등의 국내 역사책과 〈삼국지〉, 〈후한서〉, 〈진서〉, 〈구당서〉, 〈신당서〉, 〈자치통감〉 등 중국 역사책에서 필요한 부분을 고르고 정리해 〈삼국사기〉에 실었어요. 중요한 대목에서는 '논찬'이라고 해서 김부식이 직접 자신의 견해를 실었어요.

〈삼국사기〉에 대한 평가가 다양해요

〈삼국사기〉가 없었다면 고구려, 백제, 신라 등 우리나라 고대 국가가 어떻게 건국되어 발전해 왔는지를 제대로 알기 어려웠을 거예요. 한때 〈삼국사기〉는 기록이 잘못됐다든지, 사대주의 사관으로 쓰였다든지, 신라 중심이라는 등의 이유로 푸대접을 받기도 했어요. 〈삼국사기〉는 삼국이 세워진 지 1200여 년이나 지난 뒤에 쓰였어요. 그래서 자료가 부족한 데다 신화와 전설 같은 이야기를 싣지 않아 빠진 기록들이 있지요.

★**사대주의** 주체성 없이 강한 나라를 무조건 섬기는 자세를 말해요.

전하께서 옛 역사책을 널리 살피시고, 우리 역사를 만세에 남겨서 교훈으로 삼으시고자 함이지.

삼국의 역사가 담긴 〈삼국사기〉

김부식은 정확한 사실을 기록하기 위해 노력했어요. 많은 내용을 중국 자료에서 가져왔지만, 우리 자료와 비교해서 더 정확하게 기록했지요. 예를 들어 안시성 전투나 살수 대첩의 경우, 중국 자료에는 그 내용이 부족했기 때문에 우리 자료에 근거해서 자세히 기록해 놓았어요.

〈삼국사기〉는 신라 중심으로 기록된 책이에요. 신라가 삼국을 통일하기도 했고, 고구려와 백제의 기록이 부족해서이기도 하지요. 하지만 김부식은 신라뿐 아니라 고구려와 백제 모두 '우리나라'라는 자세로 〈삼국사기〉를 편찬했어요.

진짜 우리의 역사를 만날 수 있어요!

삼국사기 배움터

중국 역사책에 기록된 우리나라

중국 진나라 때 진수가 쓴 역사책인 〈삼국지〉의 위서 '동이전'에는 고대 여러 나라에 관한 기록이 실려 있어요.

부여 백성들은 몸집이 크고 용맹하지만 성격이 온순해서 다른 나라를 침략하지 않았다고 해요. 12월에 추수를 감사하며 '영고'라는 제천 행사를 지냈고, 흰옷을 좋아해 흰 베로 만든 도포와 바지를 입었어요. 부여에서는 도둑질을 하면 열두 배를 물어 주어야 했으며, 순장 풍속이 있어서 많을 때는 100명 정도가 묻혔다고 해요.

★**순장** 왕이나 귀족 등이 죽으면 종을 함께 묻는 것을 말해요.

고구려에는 연노부(소노부), 절노부(연나부), 순노부, 관노부, 계루부의 다섯 부족이 있었어요. 처음에는 연노부에서 왕이 나오다가 나중에는 계루부에서 왕위를 이어 갔지요. 고구려는 좋은 땅이 부족해 식량이 충분하지 않았어요. 10월에는 '동맹'이라는 제천 행사를 지냈으며, 죄를 지으면 족장들이 모여서 의논해 죄질에 따라 처벌했어요.
남쪽에는 마한, 진한, 변한이라는 삼한이 있었어요. 삼한에는 큰 나무에 방울과 북을 매달고 귀신을 섬기는 '소도'라는 곳이 있었는데, 죄지은 사람도 그곳에 들어오면 쫓아내지 않았지요.

비슷한 듯 다른 〈삼국사기〉와 〈삼국유사〉

〈삼국유사〉는 어떤 책인가요?

1281년경, 고려 충렬왕 때 승려 일연이 쓴 역사책이 바로 〈삼국유사〉예요. 5권 9편 144항목으로 구성된 책으로, 고조선부터 시작해 삼국과 가야, 후삼국까지의 간단한 역사와 불교 관련한 여러 이야기들이 실려 있어요. 특히 〈삼국유사〉는 중국 역사책인 〈위서〉를 인용해 우리 역사가 고조선부터 시작하고 있음을 기록하고 있지요.

다른 책입니다.
다른 책이에요.

삼국의 역사가 담긴 〈삼국사기〉

〈삼국유사〉는 개인이 자유롭게 자료를 수집해서 쓴 역사책이기 때문에 〈삼국사기〉처럼 체계적인 형식을 갖추지는 않았어요. 하지만 〈삼국사기〉에 없는 신화와 전설, 삼국의 지리와 생활 풍습 등에 관한 내용이 많이 담겨 있어요. 또한 신라 때 불렀던 노래인 '향가' 14곡이 실려 있어, 그 당시 사람들의 생각과 사는 모습을 짐작할 수 있지요. 하지만 〈삼국유사〉 역시 기록이 주로 신라에 집중되어 있어 아쉬움이 있어요.

신화와 전설

지리

풍습

비슷하지만 달라서 비교하며 읽는 재미가 있답니다.

〈삼국사기〉와 〈삼국유사〉는 어떻게 다른가요?

두 권 모두 고려 때 쓰인 역사책으로, 삼국을 다루고 있지만 다른 점도 많이 있어요.

첫째, 〈삼국사기〉는 왕의 명령에 따라 김부식을 비롯한 11명이 편찬한 '정사'라면 〈삼국유사〉는 일연 개인이 쓴 '야사★'예요.

둘째, 우리나라 역사의 시작을 〈삼국사기〉는 기원전 57년 박혁거세가 탄생한 때부터 다루지만 〈삼국유사〉는 기원전 2000여 년 전, 고조선의 단군왕검이 아사달에 도읍을 정한 때부터 시작해요. 또 〈삼국유사〉에는 가야에 대한 내용이 실려 있지요.

★**야사** 나라가 아닌 민간에서 쓴 역사를 뜻해요.

삼국의 역사가 담긴 〈삼국사기〉

사기는 정사! 유사는 야사!

셋째, 〈삼국사기〉는 총 50권에 본기, 열전, 잡지, 연표의 기전체 형식으로 쓰였지만 〈삼국유사〉는 역사적인 내용을 총 5권 9편 144항목으로 나누어 자유롭게 구성됐어요. 이밖에 〈삼국사기〉는 유교적인 성격을 띠는 데 비해 〈삼국유사〉는 불교적인 성격을 띠어요. 그래서 불교와 관련 있는 이야기가 많이 나와요.

이처럼 비슷한 듯 다른 두 역사책을 서로 비교하며 읽는다면, 삼국에 대해 좀 더 폭넓고 깊게 알 수 있을 거예요.

〈삼국유사〉는 단군 이야기부터 시작하지!

삼국사기 배움터

역사 기록을 중요하게 여긴 고구려, 백제, 신라

나라에서 역사책을 만드는 것은 중요한 일이에요. 고구려, 백제, 신라는 모두 역사책을 만들어 임금이 왕위를 잇는 데 정통성을 확보하고, 나라의 발전을 널리 알려 백성의 사기를 높이도록 했어요. 그래서 삼국은 모두 역사책을 만들었는데, 안타깝게도 지금은 전해지지 않아요.

고구려에는 〈유기〉라는 역사책이 있었어요. 만든 때와 지은이는 알 수 없으나 주몽이 어떻게 나라를 세웠는지, 고구려가 어떻게 발전해 왔는지에 대해 쓰여 있었을 거예요. 고구려 영양왕 때 태학박사 이문진은 〈유기〉 100권을 요약하고 정리해서 〈신집〉이란 역사책을 만들었어요.

★**정통성** 나라를 다스리는 권력이 합법적이고 정당하다는 근거를 말해요.

신라에는 진흥왕 때 만들어진 〈국사〉라는 역사책이 있었어요. 이사부는 '나라의 역사, 즉 국사는 임금과 신하가 잘하고 못한 것을 기록하고, 옳은 것과 옳지 않은 것, 선한 것과 악한 것을 판단해 후세에 알려 주는 것'이라며 역사책을 써야 한다고 진흥왕에게 아뢰었어요. 그러자 진흥왕은 거칠부에게 역사책을 만들라는 명을 내렸고, 거칠부는 학자들과 함께 545년에 신라의 역사책 〈국사〉를 완성했지요. 백제에는 근초고왕 30년인 375년에 박사 고흥이 지은 〈서기〉가 있어요. 백제에서는 고흥이 처음으로 백제에 관한 기록을 남겼다고 해요.

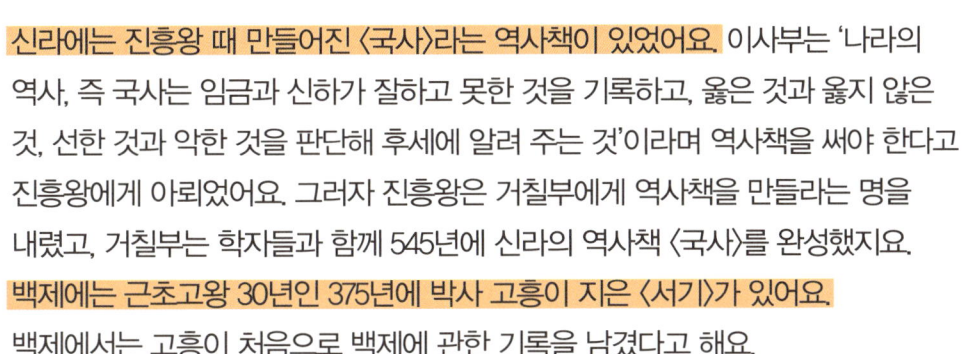

삼국사기 놀이터

우리나라에서 가장 오래된 역사책인 〈삼국사기〉에 관한 내용이에요. 갈림길에서 〈삼국사기〉에 관해 맞는 내용을 찾아 길을 따라가 보세요.

기원전 37년, 주몽은 졸본으로 와 고구려를 세웠어요. 고구려는 주변 나라들을 정복해 가며 나라의 힘을 키워 나갔지요.

태조왕 때는 중국의 후한과 상대했으며, 신대왕 때는 명림답부가 후한과 싸워 크게 승리를 거두었어요. 한편으로는 나라를 잘못 다스린 왕을 신하가 죽이는 사건도 일어났어요. 그다음 즉위한 왕은 이전 왕의 잘못한 점을 고쳐 가며 나라를 올바르게 다스렸지요.

비록 작은 나라에서 시작했으나, 고구려는 점점 강한 나라로 성장하며 영토를 넓혀 갔어요. 지금부터 고구려 역사를 자세히 살펴보아요.

고구려가 세워지고, 나라가 커져 가다

고구려의 시조, 동명 성왕

동부여가 세워졌어요

고구려가 세워지기 전, 고조선 위쪽의 만주 지역에 '부여'라는 나라가 있었어요. 부여를 다스리던 왕, 해부루는 나이가 많았지만 자식이 없었어요. 어느 날 해부루가 말을 타고 가다 곤연이란 곳에 이르렀는데, 말이 큰 돌을 보더니 눈물을 흘리는 게 아니겠어요? 해부루는 이상한 생각이 들어 그 돌을 옆으로 옮겼어요. 그랬더니 금색 개구리 모양을 한 어린아이가 있었어요. 해부루는 아이의 이름을 금색 개구리란 뜻의 '금와'라고 짓고, 금와가 자라자 태자로 삼았어요.

★**태자** 임금의 자리를 이을 임금의 아들을 가리켜요.

고구려가 세워지고, 나라가 커져 가다

금와가 태자가 된 뒤, 부여의 재상인 아란불이 해부루 왕에게 말했어요.
"하늘이 말하기를, '나중에 부여 땅에 내 자손이 나라를 세우려고 하니 너희는 동해 가섭원이란 곳을 도읍으로 삼아라.'라고 합니다. 그곳은 땅이 기름지고 곡식들도 잘 자랄 것이라고도 했습니다."
해부루는 그 말대로 도읍을 옮긴 뒤 나라 이름을 '동부여'라고 했어요.
해부루가 죽자 금와가 동부여의 왕이 되었어요.

주몽이 태어났어요

물을 다스리는 신인 하백의 딸 유화는 강가에서 자주 놀았어요. 어느 날, 이 모습을 본 해모수는 유화에게 반했어요. 해모수는 북부여를 세운 사람으로, 스스로를 하느님의 아들이라고 했어요. 해모수가 유화를 꾀어서 둘은 사랑에 빠졌지만, 얼마 되지 않아 해모수는 유화를 버리고 멀리 떠나 버렸어요. 하백은 유화가 잘 알지도 못하는 남자를 만났다며, 태백산 우발수로 유화를 쫓아냈지요. 동부여의 왕, 금와가 그곳을 지나다 사정을 듣고 이상히 여겨 유화를 궁궐로 데려왔어요.

고구려가 세워지고, 나라가 커져 가다

그러던 어느 날, 유화가 방 안에 있는데 햇빛이 그녀를 따라다녔어요. 이리저리 피해도 햇빛은 유화만 비추었지요. 얼마 안 돼 유화는 알을 낳았고, 금와가 알을 개돼지에게 주었으나 먹지 않았어요. 길에 버려도 소와 말이 피해 가고, 심지어 알을 깨려고도 했지만 깨지지 않자 금와는 유화에게 알을 돌려주었어요. 얼마 뒤 한 아이가 알을 깨고 나왔어요. 아이는 일곱 살에 활과 화살을 만들어 쏘았는데 모두 과녁에 명중했지요. 유화는 아이의 이름을 주몽이라고 지었어요. 동부여에서는 활을 잘 쏘는 사람을 '주몽'이라고 했거든요.

금와의 아들들이 주몽을 싫어했어요

주몽은 금와의 일곱 아들과 함께 자랐어요. 주몽은 이들보다 모든 게 뛰어났어요. 주몽을 질투한 금와의 큰아들 대소가 금와에게 말했어요.
"주몽은 사람의 자식이 아니어서 너무 뛰어납니다. 이대로 두면 어떤 일이 일어날지 모르니 없애야 합니다."
하지만 금와는 대소의 말을 듣지 않았어요. 대신 주몽에게 말 기르는 일을 시켰어요. 주몽은 억울했지만 이 기회에 말에 대해 자세히 알아 두기로 했지요. 주몽은 어떤 말이 뛰어난지 단번에 알아차렸고, 일부러 그 말에게 먹이를 적게 주었어요.

고구려가 세워지고, 나라가 커져 가다

어느 날, 금와와 주몽이 함께 사냥을 나갔어요. 금와는 윤기 나는 살찐 말을 골랐고, 주몽에게는 비쩍 마른 말을 주었어요. 그런데 그 마른 말은 주몽이 먹이를 적게 주던 말이었지요. 주몽은 그 뛰어난 말 덕분에 펄펄 날며 사냥에서 짐승을 가장 많이 잡았어요. 그러자 대소 형제와 신하 들이 주몽을 없앨 계획을 세웠어요.

이를 알아챈 유화가 주몽을 불러 말했어요.

"여기에는 너를 해치려는 사람이 너무 많구나. 너의 재주와 능력이면 어디에서나 잘할 수 있을 테니 멀리 떠나거라."

주몽은 자신의 앞날을 고민하며 깊은 생각에 잠겼어요.

물고기와 자라가 도와주었어요

결국 주몽은 어머니와 부인을 두고 친구 오이, 마리, 협보 세 사람과 함께 길을 떠났어요. 주몽과 세 친구가 동부여를 떠나자 병사들이 이들을 잡으려고 뒤쫓아 왔어요. 마침내 주몽 일행이 엄사수라는 곳에 도착해 강을 건너려는데 다리가 없었어요. 곧 뒤에서 병사들이 들이닥칠 것만 같았지요. 그러자 주몽은 강물을 향해 말했어요.

고구려가 세워지고, 나라가 커져 가다

"나는 하늘의 자손이요, 하백의 외손자다. 지금 도망가는 중인데 추격자들이 뒤를 쫓고 있으니 어찌하면 좋겠는가?"

그러자 강에서 물고기와 자라가 둥실 떠올라 다리를 만들었어요. 주몽 일행은 급하게 강을 건넜어요. 그들이 강을 건너자마자 물고기와 자라는 곧바로 강물 속으로 사라졌고, 말을 타고 쫓아오던 병사들은 그 모습을 허탈하게 바라볼 수밖에 없었지요.

현명한 세 사람을 만나 고구려를 세웠어요

주몽 일행은 모둔곡이란 데서 어질고 현명한 세 사람을 만났어요. 삼베옷을 입은 재사, 낡은 옷을 입은 무골, 물풀로 만든 옷을 입은 묵거란 사람들이었지요. 주몽은 나라를 세우려던 차에 하늘에서 현명한 세 사람을 보내 주었다며 기뻐했어요. 주몽은 재사에게는 극씨, 무골에게는 중실씨, 묵거에게는 소실씨란 성을 내려 주고는 각각에게 맞는 일을 맡기고 이들과 함께 졸본천까지 왔어요.

★**졸본천** 고구려의 첫 도읍지로, 지금의 중국 랴오닝성에 있는 오녀산성이라고 추정돼요.

고구려가 세워지고, 나라가 커져 가다

기원전 37년, 주몽은 스물두 살이 되었어요.
'졸본천 주변의 땅은 참 기름지군. 게다가 산이며 강이 험해서 적의 공격을 막기에 좋겠어.'
주몽은 졸본에 나라를 세우기로 했어요. 궁궐을 지을 만한 형편이 안 된 주몽은 비류수 근처에 오두막을 짓고는 나라 이름을 '고구려'로 정했어요. 자신의 성은 나라 이름의 첫 글자인 '고'라고 했지요. 주몽이 고구려를 세우자 사람들이 점점 모여들었어요. 고구려 주위에는 말갈 부족이 살았는데, 주몽은 이들이 함부로 침략하지 못하도록 막았어요.

비류국 송양을 항복시켰어요

어느 날 주몽이 사냥을 가다가 비류수를 따라 채소 이파리가 떠내려오는 것을 보았어요. 주몽은 주변에 사람이 살고 있다고 생각해 강을 따라 상류 쪽으로 올라갔어요. 그러자 비류국이란 나라가 나왔어요. 비류국을 다스리던 송양이 주몽을 보더니 말했어요.

"외진 곳에 살아서 다른 지역 사람들을 만나지 못했는데, 이렇게 만나니 반갑군. 그런데 어디서 온 누구인가?"

"나는 하늘의 자손으로 얼마 전에 이 근처에 나라를 세웠습니다."

그 말에 송양은 주몽을 경계하듯 바라보며 말했어요.

고구려가 세워지고, 나라가 커져 가다

"우리 선조는 이곳을 오랫동안 다스렸네. 여기는 땅이 좁아 두 명의 왕을 두긴 어려우니, 나라를 세운 지 얼마 안 된 자네가 내 밑으로 들어오게."
주몽은 그럴 수 없다며 송양과 말다툼을 했어요. 결국 활쏘기 대결에서 이긴 쪽이 왕이 되기로 했고, 주몽이 승리하자 이듬해 송양은 고구려에 항복했어요. 주몽은 왕이 된 지 4년 만에 성곽과 궁궐을 지었어요. 그리고 주변 나라인 행인국과 북옥저를 정복하며 국력을 점점 키워 나갔지요. 주몽은 이후 동명 성왕★으로도 불렸답니다.

★**동명 성왕** '동쪽 밝은 나라의 성스러운 임금'이란 뜻으로, 고구려의 시조 주몽을 가리켜요.

국내성으로 도읍을 옮긴 제2대 유리왕

유리가 주몽을 찾아갔어요

주몽이 동부여를 떠날 때 부인 예씨는 유리를 임신 중이었어요. 아버지를 제대로 알지 못한 채 자란 유리는 어느 날, 참새를 잡으려다 그만 물 항아리를 깨뜨렸어요. 그러자 항아리 주인이 유리에게 아비 없는 자식이라 말썽만 부린다며 야단을 쳤어요. 유리는 엉엉 울면서 엄마에게 아버지가 누구인지 물었어요. 그러자 예씨 부인이 말했어요.

"네 아버지는 동부여에서 살기 어려워 남쪽으로 내려가 나라를 세웠단다. 떠나기 전, 일곱 모가 난 돌 위의 소나무 아래에 어떤 물건을 숨겨 두었다는구나. 자기 아들이라면 찾을 거라고 하셨지."

고구려가 세워지고, 나라가 커져 가다

유리는 온 산을 뒤지며 찾아보았지만 찾을 수가 없었어요. 한숨을 쉬던 유리는 문득 자기 집 주춧돌이 눈에 들어왔어요. 일곱 모서리의 돌 위에는 소나무 기둥이 있었지요. 유리는 기둥 아래를 뒤져 부러진 칼 한 자루를 찾았어요. 유리는 부러진 칼을 갖고 어머니, 옥지, 구추, 도조 네 사람과 함께 주몽을 만나러 떠났어요.

주몽은 유리가 내민 칼 조각을 자신의 것과 맞춰 보았어요. 딱 들어맞았지요. 주몽은 기뻐하며 유리를 태자로 삼았어요. 유리는 기원전 19년, 주몽의 뒤를 이어 고구려 제2대 임금이 되었어요.

돼지 덕분에 국내성으로 도읍을 옮겼어요

유리왕 19년 어느 날, 제사 지낼 때 쓸 돼지가 우리를 부수고 달아났어요. 유리왕은 탁리와 사비에게 돼지를 찾으라고 명했어요. 돼지를 찾아낸 두 사람은 돼지가 도망가지 못하도록 다리의 힘줄을 칼로 끊었어요. 하지만 유리왕은 제사에 쓰일 제물에 상처를 냈다고 화를 내며 두 사람을 구덩이에 던져 죽였지요. 그런데 얼마 뒤 유리왕이 병에 걸렸어요. 그러자 무당은 탁리와 사비를 죽였기 때문이라며 왕이 사과해야 병이 낫는다고 했어요. 유리왕은 무당을 통해 귀신에게 사과했고, 그제야 병이 나았지요.

고구려가 세워지고, 나라가 커져 가다

2년 뒤에 돼지가 또 도망가자, 유리왕은 설지라는 관리에게 돼지를 찾도록 명했어요. 설지는 국내라는 곳 근처 위나암에서 돼지를 찾았고, 그 지방 사람에게 돼지를 기르게 한 뒤 유리왕에게 보고했어요.
"이번에 국내라는 동네를 살펴보니 둘레에 산이 험하고 물이 깊어 도읍으로 하기에 좋아 보였습니다."
결국 유리왕 22년에 설지의 조언대로 국내로 도읍을 옮겼고, 근처에 위나암성을 쌓았어요.

★**위나암성** 국내성에서 조금 떨어진 곳에 쌓은 산성으로, 나라가 위급할 때 백성들이 피신했던 곳이에요.

해명 태자와 황룡국의 활

유리왕은 해명 왕자를 태자로 삼았어요. 해명은 예전 도읍인 졸본에서 지내고 있었어요. 어느 날 이웃 나라 황룡국 사신이 해명 태자를 찾아와 강한 활을 선물했어요. 힘이 유난히 셌던 해명은 활을 당겨 보다가 그만 부러뜨리고 말았어요.

"이건 내가 힘센 게 아니야. 활이 너무 부실한 거지."

사신에게 해명의 말을 전해 들은 황룡국 왕은 창피했어요. 이 이야기를 들은 유리왕 역시 화가 나서 황룡국 왕에게, 예의 없게 행동한 해명을 없애도 좋다고 했지요.

고구려가 세워지고, 나라가 커져 가다

황룡국 왕은 해명을 없애려고 자기 나라로 초대했으나, 차마 죽이지 못하고 돌려보냈어요. 하지만 유리왕의 분노는 여전했지요. 유리왕은 이듬해 해명에게 칼을 주며 말했어요.
"너는 힘센 것만 믿고 이웃 나라의 원한을 샀으니 스스로 목숨을 끊어라."
"황룡국이 우리를 무시한다고 여겨 활을 당겨 부러뜨렸는데, 아버지의 미움을 살지 몰랐습니다."
해명은 들판에 창을 꽂고는 말을 타고 달려가 유리왕의 명령대로 스스로 목숨을 끊었답니다.

화희와 치희, '황조가' 이야기

유리왕은 주몽과 겨루었던 송양의 딸과 결혼했는데, 이듬해에 왕비가 죽었어요. 그러자 유리왕은 화희와 중국 한나라 여자인 치희, 두 여자와 결혼했어요. 이 둘은 틈만 나면 싸워 각각 궁을 지어 따로 살았지요. 어느 날, 유리왕이 사냥을 나가 일주일 동안 궁을 비운 사이에 또다시 화희와 치희가 다투었어요. 화희는 치희에게 소리 지르며 말했어요.

"한나라에서 굴러 들어온 주제에 어찌 이렇게 무례하게 구는 것이냐?"

고구려가 세워지고, 나라가 커져 가다

치희는 화가 나고 부끄러워 견딜 수가 없었어요. 결국 궁을 나와 자기 나라로 돌아갔어요. 이 소식을 들은 유리왕은 서둘러 말을 타고 치희를 뒤쫓았으나 치희는 돌아오지 않았어요.

어느 날 유리왕은 서운한 마음을 억누르며 나무 밑에서 쉬고 있었어요. 이때 꾀꼬리 한 쌍이 날아오는 것을 보고, 시를 한 편 지어 읊었어요.

"훨훨 나는 꾀꼬리는 암수가 서로 의지하는데,
외로운 이 몸은 누구와 함께 돌아갈까?"

이 시가 바로 우리나라에서 가장 오래된 서정시, '황조가'랍니다.

★서정시 느낀 감정을 자기 생각대로 표현한 시를 말해요.

너희가 부럽구나.

성장의 기초를 다진 제3대 대무신왕

부여 정벌에 실패했어요

유리왕을 이어서 유리왕의 셋째 아들이 열다섯 살에 왕위에 올랐어요. 그는 바로 대무신왕이에요. 대무신왕은 왕이 된 지 4년 만에 부여를 정복하기로 마음먹었어요. 유리왕 때 왕자의 신분으로 부여의 침략을 막은 적이 있었기에 자신 있었지요. 게다가 부여 정벌을 앞두고 신비스러운 말을 얻은 데다 부정, 괴유, 마로라고 하는 세 신하도 생겼거든요. 많은 군사를 먹일 수 있는 솥, 금으로 된 옥새, 무기 등 세 가지 신물도 함께 얻어 대무신왕은 자신감이 넘쳤어요.

고구려가 세워지고, 나라가 커져 가다

이듬해에 대무신왕은 부여를 향해 진군했어요. 고구려의 침공 소식에 기습 작전을 펼치려던 부여군은 급히 달려오다 진흙탕에 빠져 오도 가도 못 하는 신세가 되었지요. 이때 2미터가 넘는 고구려 장군 괴유가 부여군을 공격했어요. 괴유는 수많은 부여군을 쓰러뜨린 데 이어 부여 왕 대소를 붙잡아 목을 베었어요. 하지만 부여군의 기세 역시 만만치 않았지요. 오히려 고구려군이 수세에 몰렸어요. 대무신왕은 고구려군의 탈출을 도와달라고 하늘에 기도했어요. 곧 짙은 안개가 몰려와, 고구려군은 풀로 허수아비 군사들을 만들어 세우고는 샛길로 빠져나올 수 있었지요.

을두지의 잉어 전략

부여 정벌에 실패했지만 대무신왕은 이웃 개마국과 구다국 등을 정복해 나라를 넓혀 갔어요. 그리고 좌보에 을두지, 우보에 송옥구를 임명해 곁에서 돕도록 했지요.

대무신왕 11년에 중국 한나라가 고구려를 공격해 왔어요. 대무신왕은 위나암성에서 군대를 이끌었지요. 한나라군이 성을 포위하자, 을두지가 대무신왕에게 아뢰었어요.

"적군이 워낙 많아 이기기 어려우니, 지금은 성을 잘 지키고 적군이 지쳤을 때 공격해야 합니다."

고구려가 세워지고, 나라가 커져 가다

하지만 수십 일이 지나도 한나라 군대는 여전히 위나암성을 포위한 채 물러나지 않았어요. 그러자 을두지는 한 가지 계책을 내놓았어요.
"적군은 성안에 물이 떨어지면 항복할 거라 생각할 것입니다. 잉어를 이용해 물이 많다는 것을 보여 주면 아마 물러날 것입니다."
대무신왕은 을두지의 말대로 잉어와 함께 술을 한나라 군대에 보냈어요. 성안에 물이 넉넉해 고구려군이 얼마든지 버틸 수 있다는 것을 알린 셈이지요. 결국 한나라 군대는 자기 나라로 돌아갔어요.

★**좌보·우보** 고구려 초기의 관직으로, 임금 곁에서 정책을 건의했어요.

호동 왕자와 낙랑 공주의 비극적인 사랑

대무신왕에게는 둘째 부인이 낳은 호동이라는 아들이 있었어요. 대무신왕은 호동을 태자로 삼으려고 할 정도로 좋아했지요. 대무신왕 15년 여름, 옥저에 놀러 간 호동 왕자는 거기서 만난 낙랑 공주와 혼인했어요. 며칠 동안 낙랑 공주와 지낸 뒤 고구려로 돌아온 호동은 낙랑 공주에게 사람을 보내 말했어요.

"적군의 침략을 알리는 낙랑의 북을 찢고 뿔피리도 부숴 주시오. 그러면 그대를 진정한 아내로 맞이하겠소."

낙랑 공주는 북과 뿔피리를 없앤 다음, 사람을 시켜 호동에게 이 사실을 알렸지요.

호동은 즉시 대무신왕에게 말해 낙랑을 공격했어요. 낙랑 왕은 고구려군의 침략을 받고서야 낙랑 공주가 배신했다는 것을 알았어요. 낙랑 왕은 눈물을 머금고 공주를 없앤 다음 고구려에 항복했지요. 나라를 위해 낙랑 공주를 이용했지만 호동 왕자도 마음이 편치 않았어요.

그러던 어느 날 호동은 대무신왕의 첫째 왕비로부터 모함을 받게 되었어요. 자신의 아들이 아닌 호동이 왕위를 이어받을까 봐, 그를 없애려는 흉계였지요. 왕비의 계략을 알아챈 호동은 대무신왕이 염려하지 않도록 스스로 목숨을 끊고 말았답니다.

★**흉계** 남을 해칠 목적으로 꾸미는 나쁜 계획을 뜻해요.

영토를 넓히고 왕권을 강화한 제6대 태조왕

두로가 모본왕을 죽였어요

대무신왕의 맏아들이자 제5대 임금인 모본왕은 성격이 사납고 잔인했어요. 언제나 사람을 아래에 깔고 앉았으며, 누울 때는 사람을 베개로 삼았지요. 그러다 깔린 사람이 힘들어 조금만 움직이기라도 하면 죽이기도 했어요. 그뿐 아니라 신하가 나랏일에 대해 건의하면 기분이 나쁘다며 활로 신하를 쏘기도 했지요.

고구려가 세워지고, 나라가 커져 가다

모본왕 6년, 왕의 시중을 들던 두로라는 신하가 있었어요. 두로는 언제 왕에게 죽을지 몰라 항상 걱정이 앞섰어요. 그러자 두로의 동료가 말했어요.
"나를 위하면 임금이요, 나를 해치면 원수라고 하지. 지금 왕은 잔인하게 사람들을 죽이니, 백성의 원수가 아닌가? 가까이에 있는 자네가 왕을 없애게."
그 말에 용기를 얻은 두로는 가슴에 칼을 품고 왕에게 갔어요. 여느 때와 마찬가지로 왕이 두로를 깔고 앉자, 두로는 모본왕을 찔러 죽였어요. 모본왕이 죽자 여러 신하들은 제2대 임금인 유리왕의 손자 궁을 왕위에 올렸어요. 그가 바로 일곱 살에 왕위에 오른 제6대 태조왕이에요.

영토를 넓히고 지방을 보살폈어요

태조왕은 우리나라 왕의 재위 기간 중에서 가장 오랜 기간인 94년이나 왕위에 있었어요. 태조왕은 왕위에 오른 지 4년 만에 고구려 동쪽에 있던 동옥저를 정벌해 영토를 넓혔어요. 이어 부여 왕 대소의 동생이 세운 갈사국이 항복해 왔지요. 그다음으로 조나와 주나라는 작은 나라를 항복시키면서 태조왕은 점차 나라의 힘을 키워 나갔어요.

고구려가 세워지고, 나라가 커져 가다

이렇듯 주변 국가를 정복하면서 힘이 커지자, 태조왕은 동북쪽 지방의 책성과 남쪽 지역을 순시했어요. 왕이 지방을 순시한다는 것은 단순히 땅이 넓어졌다는 것뿐 아니라, 고구려의 영향력이 커지고 왕의 힘도 강해졌다는 것을 뜻해요. 특히 책성은 국경 근처로, 고구려의 중요한 군사 지역이었어요. 왕은 직접 책성에 가서 신하들과 함께 백성들에게 잔치를 베풀고, 관리들에게 선물을 내려 주었지요.

★**책성** 지금의 중국 지린성 훈춘 지역이에요.
★**순시** 돌아다니며 이런저런 형편을 살피는 것을 말해요.

중국의 후한과 상대했어요

고구려는 국력이 커지면서 중국의 후한과 팽팽히 맞섰어요. 태조왕 53년인 105년에 고구려는 요동의 여섯 현을 약탈했어요. 그러다 후한의 반격으로 물러났지요. 121년에는 후한이 유주, 현도, 요동 지방의 군대를 동원해 공격해 왔어요. 이에 태조왕의 동생인 수성이 거짓으로 항복한 뒤, 3천여 군사를 현도와 요동으로 몰래 보내 성곽을 불태우고 2천여 명을 죽이거나 사로잡았어요.

★후한 25~220년에 세워진 중국의 왕조를 가리켜요.
★요동 중국 랴오허강의 동쪽 지역을 말해요.

고구려가 세워지고, 나라가 커져 가다

겨울에는 태조왕이 직접 기마병 1만여 명을 이끌고 현도성을 포위했지만 부여가 후한을 돕는 바람에 고구려군이 지고 말았어요. 이듬해에 요동성을 공격했으나 역시 부여의 지원으로 고구려군이 패했어요.

이렇게 고구려는 후한과 밀고 당기며 우리나라 북방의 강국으로 자리 잡아 갔어요. 그러는 사이에 세력이 커진 수성은 오랫동안 왕위에 있던 태조왕의 자리를 넘보기 시작했어요.

동생에게 왕위를 넘겨주었어요

태조왕이 왕위에 있은 지 69년째 되던 121년, 태조왕은 나랏일을 수성에게 맡겼어요. 수성은 나랏일을 하면서 자신이 왕이 되는 꿈을 꾸었어요. 하지만 태조왕이 아직 정정한 데다, 왕자들이 있었기에 자신이 정식으로 왕이 되기는 어렵다고 생각했지요. 수성은 꾀를 내어 자기가 다음 왕이 될 거라는 소문을 퍼트렸어요. 소문은 곧 태조왕의 귀에도 들어갔지요.

고구려가 세워지고, 나라가 커져 가다

이미 나랏일은 수성이 도맡아서 하고 있었기 때문에 모든 권력은 수성에게 있었어요. 수성의 계획에 반대하는 사람은 가차 없이 죽임을 당했지요. 수성이 다음 왕이 될 거라는 소문을 들은 신하 고복장은 태조왕에게 말했어요.

"수성은 성격이 잔인해서 왕자들을 모두 죽일 것입니다."

하지만 태조왕은 146년, 수성에게 왕위를 물려주고 뒤로 물러났어요.

제7대 차대왕과 나라를 안정시킨 제8대 신대왕

폭정을 일삼은 차대왕

태조왕을 이어 왕위에 오른 수성이 고구려의 제7대 임금인 차대왕이에요. 차대왕은 전쟁터에서는 용감했으나 어진 마음이 부족했어요. 차대왕은 왕위에 오르자마자 자신이 왕이 되는 것을 반대한 고복장을 죽였어요. 이듬해에는 태조왕의 맏아들인 막근도 없앴지요. 형의 죽음을 본 동생 막덕은 차대왕이 두려워 스스로 목숨을 끊었어요. 그뿐 아니라 차대왕은 자신의 측근만 등용해 주변에 아첨하는 사람이 많았어요.

고구려가 세워지고, 나라가 커져 가다

한번은 차대왕이 하늘에 잘못한 일을 했다고 말한 무당을 죽여 버렸어요. 그러자 별을 보고 점을 치는 사람도 죽임을 당할까 봐, 나라에 좋은 일만 생길 거라고 거짓 보고를 올렸지요. 차대왕의 동생인 백고마저도 산속 깊은 곳으로 피할 정도였어요. 차대왕의 폭정이 계속된 가운데 165년에 태조왕이 죽자, 연나부에서 일하던 관리인 명림답부는 기다렸다는 듯이 차대왕을 없앴어요. 그러자 신하들은 백고를 찾아가 왕으로 올렸어요. 이 임금이 제8대 신대왕이에요.

★**연나부** 제나부, 절노부라고도 해요. 고구려의 강력한 5대 정치 세력 중 하나예요.

신대왕과 명림답부의 청야 작전

신대왕은 왕위에 오르자마자 죄인들을 풀어 주었고, 나라를 빠르게 안정시켰어요. 그리고 명림답부를 고구려 최초로 국상에 임명하고는 군사에 관한 일을 맡겼어요.

신대왕 8년에 후한이 고구려를 침략해 오자, 많은 신하가 고구려의 험한 지형을 잘 이용해 싸워 보자고 했어요. 하지만 명림답부는 후한의 군사들이 식량을 얻지 못하도록 들판을 깨끗이 비우고, 흙으로 보루를 높게 쌓아 막기만 해도 된다고 했어요. 그러면 굶주려 얼마 못 가 물러날 거라면서요.

★**국상** 고구려 초기의 가장 높은 관직이에요. 귀족들의 회의인 제가 회의의 의장으로, 나라의 중요한 문제를 결정했어요.

고구려가 세워지고, 나라가 커져 가다

신대왕은 명림답부의 말대로 적군이 식량을 구하지 못하도록 들판을 싹 비우는 '청야 작전'을 펼쳤어요. 그러고는 성을 굳게 걸어 잠그고 대응하지 않았어요. 아니나 다를까 후한의 군사들은 굶주림에 지쳐 갔어요. 마침내 후한의 군사들이 자기 나라로 돌아가려고 하자, 명림답부는 직접 기마병을 이끌고 좌원이란 곳에서 이들을 공격해 몰살시켰어요. 전쟁에 승리하면서 명림답부의 위상은 더욱 높아졌지요. 또한 그가 속한 연나부의 권력도 강해져, 후에 연나부에서 고구려의 왕비가 많이 나왔어요.

제9대 고국천왕의 개혁 정책

반란을 제압하고 새로운 사람을 뽑았어요

고국천왕은 신대왕의 둘째 아들이에요. 아버지 때부터 연나부를 비롯한 귀족들의 힘이 강해져서 고민이던 고국천왕은 왕권을 강화하기로 마음먹었어요. 당시는 왕비의 친척인 어비류, 좌가려가 권력을 꽉 쥐고 있었어요. 이들은 권력을 이용해 다른 사람의 자녀를 빼앗아 노비로 삼기도 하고, 밭과 집을 빼앗는 등 횡포를 부렸지요. 참다못한 고국천왕이 이들을 없애려고 하자, 좌가려가 연나부의 사람들과 함께 반란을 일으켰어요.

고구려가 세워지고, 나라가 커져 가다

반란군의 기세는 막강했지만, 고국천왕은 군대를 불러 모아 반란군을 물리쳐 왕권을 지켜 냈어요. 그러고는 신하들에게 말했어요.
"그동안 귀족들의 횡포로 백성이 힘들고 나라가 위태로워졌다. 이 어려움을 헤쳐 나갈 현명하고 선량한 사람 어디 없는가?"
고국천왕은 기존 인물이 아닌, 자기가 믿을 만한 새로운 인재를 등용해 나라를 개혁하고 싶었어요. 신하들은 동부 사람 안류를 추천했지요. 왕이 안류에게 나랏일을 맡기려 하자 안류는 서압록곡 좌물촌에 사는 을파소를 추천했어요.

백성의 삶을 돌본 국상, 을파소

강직하고 사려 깊은 을파소는 시골에서 농사를 짓고 있었어요. 191년 고국천왕은 예의를 갖추어 을파소를 궁으로 부른 다음, 중외대부와 우태라는 높은 관직을 주려 했어요. 하지만 을파소는 사양했어요. 왕이 준 관직으로는 나랏일을 잘하기 어렵다고 여겼거든요. 을파소가 왕에게 말했어요.
"대왕께서는 저보다 더 현명한 사람에게 높은 관직을 주어 뜻을 이루십시오."
을파소의 말뜻을 이해한 고국천왕은 을파소를 가장 높은 관직인 국상에 임명하고는 나랏일을 맡겼어요.

고구려가 세워지고, 나라가 커져 가다

하지만 신하들은 을파소를 못마땅하게 생각했어요. 그러자 고국천왕은 을파소의 명령을 따르지 않는 자는 모두 없애겠다는 강력한 명령을 내렸지요.
을파소는 고국천왕의 뜻대로 백성들이 편안히 살도록 나랏일을 펼쳤어요. 을파소는 사람들에게 자신이 벼슬길에 나아간 이유를 이렇게 말했어요.
"선비란 좋은 때를 만나지 못하면 숨어 지내고, 때를 잘 만나면 벼슬하는 것이 도리이다. 임금이 나를 신임하니 어찌 옛날처럼 숨어 지내겠는가?"
고국천왕은 을파소를 추천한 안류에게도 높은 벼슬을 주어 그의 공로를 칭찬했어요.

진대법을 실시했어요

을파소가 국상이 된 지 4년째인 194년에 흉년이 들었어요. 어려운 백성들에게 곡식을 나누어 주었지만 턱없이 부족했지요. 그 무렵 사냥을 나간 고국천왕이 길에서 울고 있는 사람을 보았어요. 흉년이 들어 부모님을 부양할 수 없다며 우는 것이었지요. 그 모습을 본 고국천왕은 마음이 아팠어요. 고국천왕은 옷과 음식을 베풀어 준 뒤, 중앙과 지방 관리들에게 홀아비와 과부, 고아 등 혼자 사는 사람과 병든 사람 들을 찾아 곡식을 나누어 주라고 명했어요.

또 국상인 을파소가 제안한 진대법을 실시했어요. '진대법'이란 백성이 나라에 곡식을 빌렸다가 갚는 제도예요. 매년 봄 음력 3월부터 가을인 음력 7월까지 곡식이 부족할 때 집안 식구 수에 따라 백성이 나라로부터 곡식을 빌린 다음, 겨울인 음력 10월에 되갚는 것이지요. 진대법이 시행되자 많은 백성이 봄에 곡식이 부족해도 굶지 않는다며 크게 기뻐했어요.

삼국사기 배움터

고구려를 이룬 다섯 부족

고구려에서는 다섯 부족이 고구려를 이끌었어요. 계루부, 소노부, 절노부, 순노부, 관노부였지요.

처음에는 가장 강한 세력이었던 소노부에서 왕이 나왔어요. 그런데 제6대 왕인 태조왕 이후부터는 계루부에서 왕위를 이어 갔지요. 절노부는 제나부, 연나부라고도 하는데, 왕과 결혼해 왕비가 나온 부족이에요. 그래서 고구려 초기에 왕은 강력한 권력을 가졌다기보다 다섯 부족을 대표하는 성격이 강했어요.

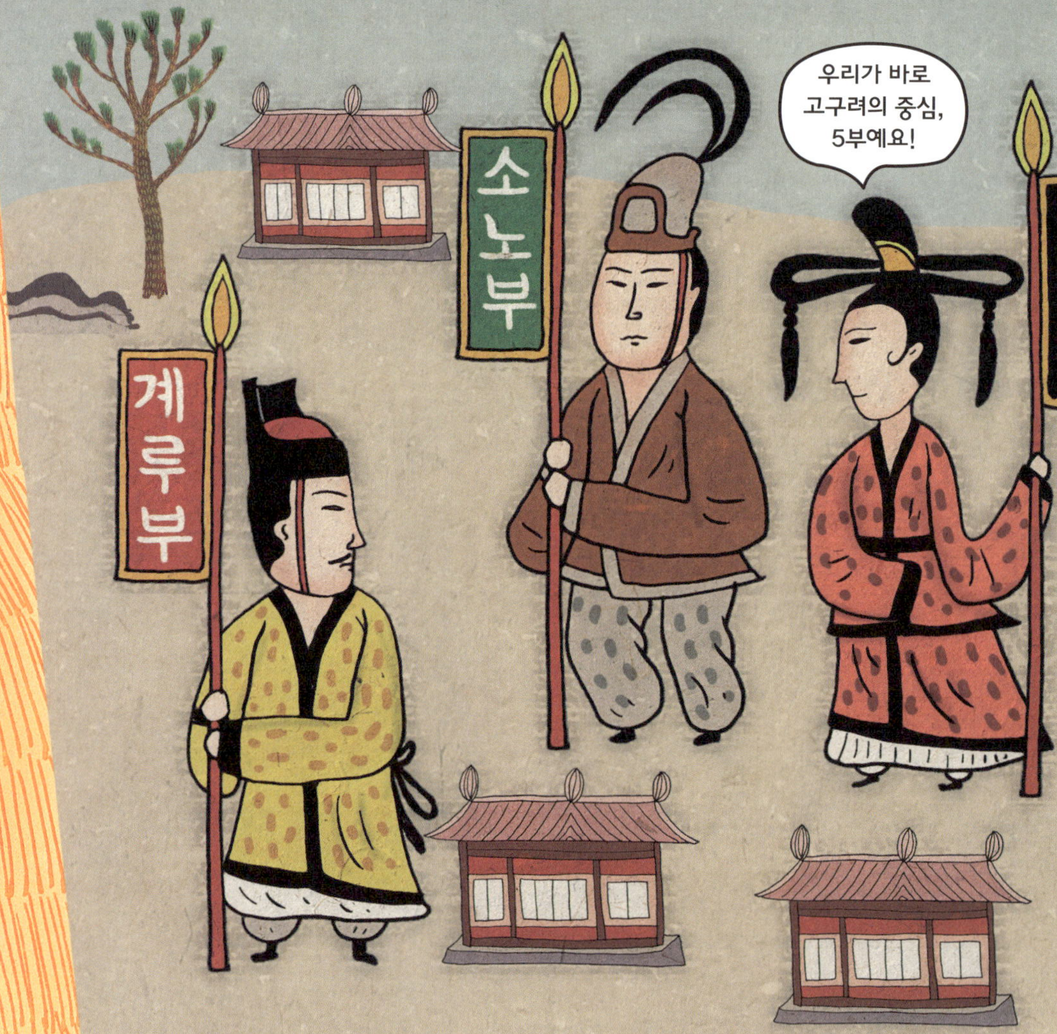

"우리가 바로 고구려의 중심, 5부예요!"

제9대 왕인 고국천왕은 이러한 다섯 부족을 방위를 나타내는 이름으로 바꾸었어요. 계루부는 내부, 소노부는 서부, 절노부는 북부, 순노부는 동부, 관노부는 남부가 되었지요. 그러면서 각 부족장들을 중앙의 귀족으로 만들었어요. 5부로 바뀐 다섯 부족은 자연스럽게 나라를 다스리는 데 필요한 조직으로 성장해 갔어요. 그러자 왕의 명령이 더 잘 전달되고 수행되어 왕의 힘이 더욱 강해졌답니다.

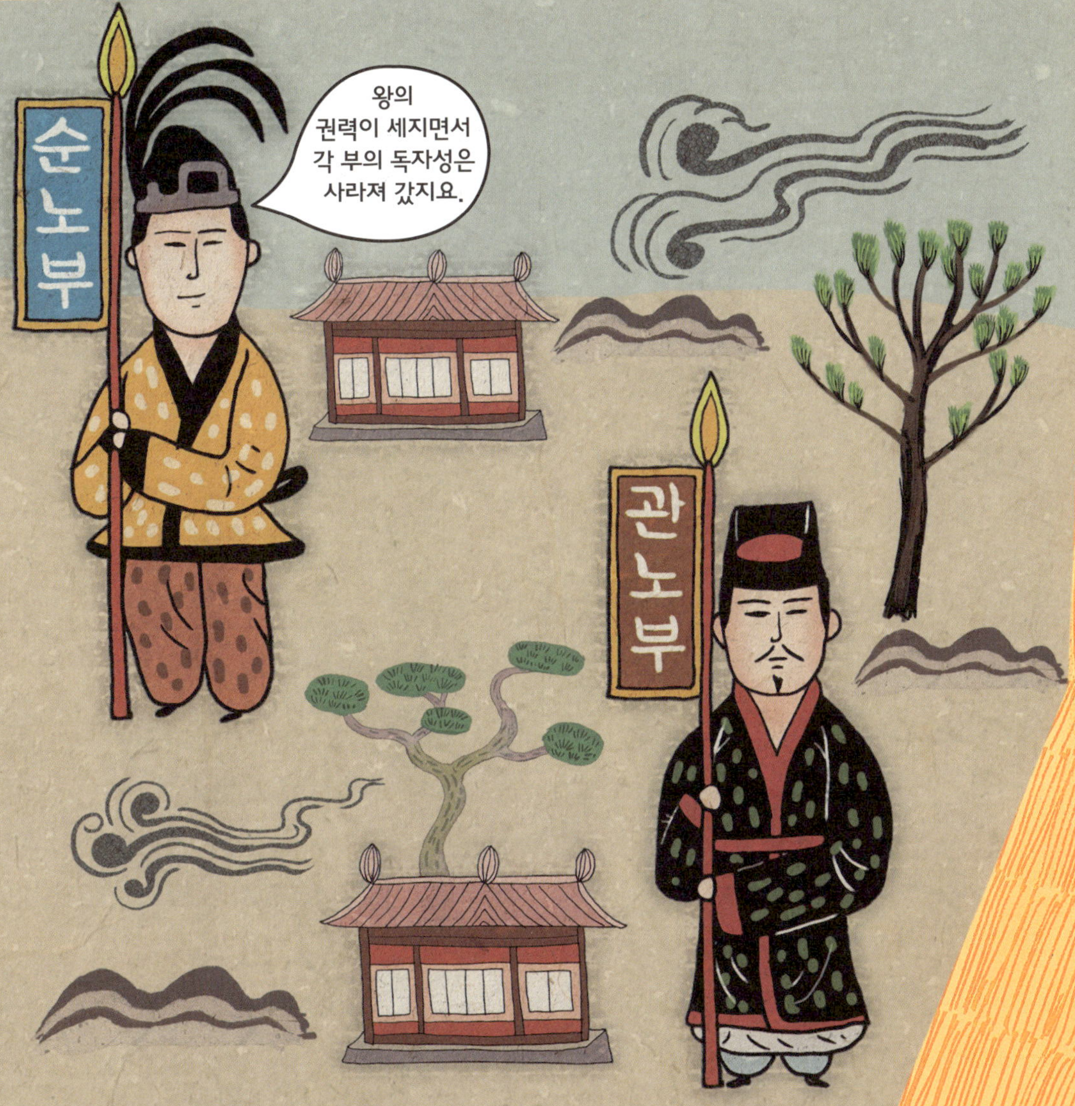

왕의 권력이 세지면서 각 부의 독자성은 사라져 갔지요.

삼국사기 놀이터

고구려 초기에 왕들은 나라를 세우고 발전시키기 위해 많은 일을 했어요. 각각의 왕이 이룬 업적을 찾아 선으로 연결해 보세요.

유리왕

고국천왕

동명 성왕

반란을 잠재우고 백성들을 위한 정책을 펴던 고국천왕이 죽자,

고구려는 왕위를 둘러싼 형제간의 싸움이 벌어졌어요.

동천왕 때는 중국 위나라의 침략으로 환도성이 무너지고 왕이 도망 다니는

신세가 되기도 했지요. 게다가 고국원왕 때는 중국 전연에 미천왕의 시신을 빼앗기는

수모도 겪었어요. 심지어 고국원왕이 전투를 치르다 전사하자, 고구려의 운명은

바람 앞의 촛불 같았어요. 위태로운 나라의 운명을 바꿀 난세의 영웅이 과연 나타날까요?

위기 속에서 흔들리는 나라의 운명

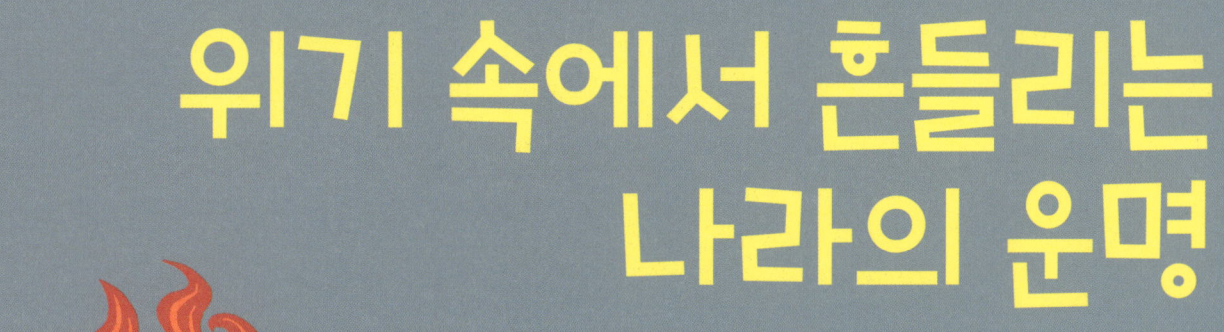

두 왕을 차지한 우 왕후와 제10대 산상왕

우 왕후가 계략을 꾸몄어요

자식 없이 고국천왕이 죽자 형제 중 한 명이 왕위를 이어야 했어요. 고국천왕에게는 발기, 연우, 계수라는 세 명의 동생이 있었어요. 왕비인 우 왕후는 고국천왕이 죽자, 몰래 궁을 나가 첫째 동생인 발기를 찾아갔어요. 그러고는 다짜고짜 말했어요.

"왕이 잘못되면 그대가 왕위를 이어야 하지 않겠습니까?"

발기는 고국천왕의 죽음을 몰랐기 때문에 왕비에게 꾸짖듯 말했어요.

"어떻게 그런 말을 함부로 하십니까? 더구나 부인이 밤에 다니는 것은 예의가 아니지요."

위기 속에서 흔들리는 나라의 운명

우 왕후는 기분이 나빠 곧바로 둘째 동생인 연우에게 가서 말했어요.
"왕께서 돌아가셔서 발기가 왕위를 이어야 하는데, 무례하게 굴어 그대에게 왔습니다."
연우는 우 왕후가 자기를 다음 왕으로 생각하고 있음을 알아채고, 그녀와 함께 궁으로 갔어요. 다음 날 우 왕후는 신하들을 불러 모으고는 연우를 왕으로 세웠지요. 이 임금이 바로 제10대 산상왕이에요.

발기가 반란을 일으켰어요

발기는 동생인 연우가 왕이 되었다는 소식에 화가 머리끝까지 나, 군사들을 이끌고 왕궁을 포위했어요. 그러고는 연우에게 외쳤어요.
"형이 죽으면 다음 동생이 왕위를 잇는 법이다. 넌 순서를 무시하고 왕위를 빼앗는 큰 죄를 저질렀다. 빨리 나오지 않으면 네 가족을 모두 죽이겠다."
하지만 연우는 성문을 걸어 잠그고 대응하지 않았어요. 그런데다 백성들도 발기를 별로 좋지 않게 여겼어요. 그러자 발기는 한나라의 요동 태수인 공손도에게 가서 병사들을 빌려 달라고 했어요.

위기 속에서 흔들리는 나라의 운명

당시에 요동과 고구려는 몇 차례 전투를 치른 직후였어요. 당연히 두 나라의 사이가 좋지 않았지요. 공손도는 흔쾌히 3만여 명의 병사를 지원했고, 발기는 이들을 거느리고 고구려를 공격했어요. 하지만 막내 계수의 활약으로 발기가 이끄는 요동의 군대는 크게 패했고, 발기는 자기 나라를 공격했다는 사실이 부끄러워 스스로 목숨을 끊었어요. 산상왕은 반란을 일으킨 발기가 괘씸했지만, 성대한 장례식을 치러 주었지요.

산상왕이 주통촌 여인에게서 아들을 얻었어요

발기의 장례를 치른 후 산상왕은 고국천왕의 왕비였던 우 왕후와 결혼했어요. 고대 부여와 고구려에서는 형이 죽으면, 동생이 형의 아내를 부인으로 맞이하는 풍속이 있었거든요.

산상왕과 우 왕후 모두 권력을 얻고 지키기 위해 서로를 이용한 셈이기에 둘의 결혼은 순조롭게 이루어졌어요. 하지만 이후 산상왕과 우 왕후 사이에 자식이 없어 왕실은 고민에 빠졌어요.

위기 속에서 흔들리는 나라의 운명

산상왕 12년이던 208년, 제사 때 바칠 돼지가 우리를 탈출했어요. 관리가 돼지를 잡으러 주통촌까지 갔는데, 한 여인이 손수 돼지를 잡아 관리에게 넘겨주었어요. 이 이야기를 들은 산상왕은 그 여인을 보기 위해 주통촌에 갔다가 여인에게 반해 사랑에 빠졌어요. 얼마 뒤 주통촌 여인의 임신 소식을 들은 우 왕후는 그녀를 없애려고 병사들을 보냈지만 실패하고 말았지요. 왕은 아이 이름을 주통촌에서 돼지 덕분에 얻었다 하여 교체라고 지었어요. 교체는 후에 산상왕에 이은 제11대 왕인 동천왕이 되었어요.

★**교체** '성 밖의 돼지'라는 뜻이에요.

인자하고 용맹한 제11대 동천왕

아슬아슬하게 태어났어요

동천왕은 산상왕이 주통촌의 여인에게서 얻은 아들이에요. 사실 동천왕은 하마터면 태어나지 못할 뻔했지요. 후녀가 우 왕후가 보낸 병사들에게 죽을 뻔했거든요. 그 절체절명의 위기에 후녀가 자신을 죽이러 온 병사들에게 말했어요.

"너희가 나를 죽이면 배 속에 있는 왕의 아이까지 죽이는 셈이다. 나를 죽여도 좋지만 왕자까지 죽이겠느냐?"

병사들도 산상왕에게 자식이 없다는 걸 알고 있었기에, 잘못하면 모든 책임이 자기들한테 돌아올 수 있었어요. 병사들은 결국 물러났지요.

★**후녀** 동천왕의 할머니가 임신했을 때 점쟁이가 "왕후를 낳을 것이다."라고 해서 지은 이름으로, '왕후'란 뜻이에요.

위기 속에서 흔들리는 나라의 운명

이렇게 아슬아슬하게 태어난 아이는 후에 마음씨 착하고 인자한 왕이 되었어요. 그런데 우 왕후는 동천왕을 미워했어요. 한번은 우 왕후가 동천왕이 타는 말의 갈기를 잘라 버렸어요. 동천왕은 우 왕후의 짓인 줄 알았으나, 화를 내기는커녕 말을 위로해 주었지요. 또 한번은 시중 드는 하녀에게 왕이 식사할 때 그의 옷에 국을 쏟아붓게 했지만 화를 내지 않았다고 해요.

위나라 관구검과의 전투가 벌어졌어요

동천왕이 다스릴 당시, 중국은 위·촉·오나라의 시대였어요. 고구려는 위나라와 가깝게 지냈어요. 위나라의 사마의가 요동 지역에서 활약하던 공손연*을 공격할 때 고구려는 군대를 보내 위나라를 도왔지요. 그러다 위나라의 상황이 어수선해지자 고구려는 요동의 서안평을 기습했어요. 고구려는 고조선의 땅이었던 요동을 얻기 위해 끊임없이 노력했지요. 고구려의 공격을 받은 위나라도 가만있지 않았어요. 4년 뒤, 요동 지역을 담당하는 유주 자사* 관구검이 1만여 병력을 이끌고 고구려를 침략해 왔어요.

★**공손연** 요동 태수로, 스스로 연나라의 왕이라고 칭하다가 위나라 사마의에게 공격받아 죽었어요.
★**유주 자사** 지금의 중국 베이징과 톈진, 랴오닝성 일부 지역을 다스린 지방 장관을 뜻해요.

위기 속에서 흔들리는 나라의 운명

처음에는 동천왕이 이끄는 고구려군이 위나라군과 두 번 싸워 모두 이겼어요. 그런데 자만심에 빠진 동천왕이 다시 철갑 기병 5천여 명을 거느리고 관구검의 목숨을 노렸고, 결국 위나라의 방진에 걸린 고구려군은 크게 지고 말았어요. 동천왕은 겨우 1천여 기병과 함께 압록원으로 달아났어요. 관구검은 군사들을 이끌고 고구려의 환도성을 함락시키고는 부하에게 동천왕을 추격하게 했어요. 위기에 빠진 동천왕은 남옥저로 달아났는데, 고구려군 대부분이 죽거나 도망가 왕 옆에는 동부 출신 밀우 등 몇 명만 남아 있었어요.

★**방진** 군사를 사각형으로 배치하는 것을 말해요.

위기 속에서 빛난 밀우와 유유

후퇴하던 중 밀우가 동천왕에게 말했어요.

"위나라 군사들이 코앞까지 추격해 왔습니다. 신이 막아 볼 테니 그 틈을 타 달아나소서."

밀우는 결사대를 조직해 위나라 군대와 힘껏 싸웠어요. 그사이에 동천왕은 멀리 달아났어요. 그러다 자신을 위해 목숨 던져 싸운 밀우가 생각나, 밀우를 구해 온 사람에게 큰 상을 내리겠다고 했어요. 그러자 서부 출신 유옥구가 나서서 오던 길을 되돌아가 부상을 당한 밀우를 구해 왔어요.

96

위기 속에서 흔들리는 나라의 운명

한편 위나라 군대는 여전히 동천왕 뒤를 쫓고 있었어요. 이때 동부 출신 유유가 계책이 있다면서 동천왕에게 말했어요.
"제가 음식을 들고 가 항복하는 척하면서 적의 장군을 죽이겠습니다. 그러면 적군이 혼란에 빠질 테니 이때 공격하면 이길 수 있을 것입니다."
계략대로 유유는 적진에 들어가 그릇 밑에 칼을 감추고는 적장의 가슴을 찔러 죽이고 스스로 목숨을 끊었어요. 이때를 틈타 고구려군은 위나라 군대를 공격해 승리를 거두었어요. 후에 동천왕은 밀우와 유유에게 큰 상을 내렸어요. 유옥구에게도 많은 땅을 내려 주었고, 유유의 아들에게는 높은 벼슬을 내려 주었지요.

97

폭군 제14대 봉상왕

작은아버지와 동생을 죽였어요

제13대 왕인 서천왕의 아들, 봉상왕은 어려서부터 의심이 많고 교만했어요. 봉상왕은 왕이 되자마자 작은아버지 달가를 죽였어요. 달가는 숙신이 고구려를 침략하자 숙신의 성을 빼앗아 고구려 땅으로 만드는 등 나라에 큰 공을 세운 인물이었어요. 달가를 존경했던 백성들은 그가 없었다면 숙신 때문에 큰 고통을 받았을 것이라며, 봉상왕이 달가를 죽인 것을 원망했어요.

★숙신 만주 지역에 살던 민족으로, 여진족의 선조로 추정해요.

위기 속에서 흔들리는 나라의 운명

또 봉상왕은 자기 동생인 돌고마저 독약으로 죽였어요. 돌고가 작은아버지 일우와 소발처럼 반역을 일으킬까 봐 두려웠기 때문이에요. 일우와 소발은 형인 서천왕에게 반역을 꾀하다 사형당했거든요. 돌고가 죽임을 당하자 돌고의 아들 을불은 봉상왕이 자신을 죽일지 모른다는 생각에 멀리 도망갔어요.

고노자가 모용외를 물리쳤어요

봉상왕이 다스릴 즈음, 중국에서는 모용외라는 선비족 장군이 요하 지역에서 세력을 떨치고 있었어요. 285년, 모용외는 부여를 침략해 부여 왕을 없애고 백성 1만여 명을 포로로 잡아갔어요.

봉상왕 2년이던 293년, 이번에는 모용외가 고구려를 침략했어요. 고구려 북쪽 국경 근처의 신성에 있던 봉상왕은 모용외에게 잡힐 뻔했지요. 하지만 신성 지역을 지키던 고구려의 장군, 고노자가 적군을 물리쳤어요.

위기 속에서 흔들리는 나라의 운명

넘볼 수가 없네.

고노자 →

296년에 모용외가 고구려를 다시 침략했어요. 모용외는 서천왕의 무덤을 파고 무덤 속의 보물과 시신을 훔쳐 가려 했지요. 그런데 무덤을 파던 사람이 갑자기 죽는가 하면, 무덤 속에서 이상한 음악이 흘러나오는 등 기묘한 일이 일어나자 사람들은 무덤 파는 일을 멈추었어요.

모용외의 잇단 공격에 봉상왕은 국상 창조리의 건의에 따라 고노자를 신성 태수로 임명했어요. 이미 고노자에게 한 번 패한 적이 있던 모용외는 고노자가 신성 태수가 된 다음부터는 고구려를 침략하지 않았지요.

백성들의 고통과 국상 창조리의 고민

고노자가 중국과의 국경을 막는 동안 나라 안은 서리와 우박으로 농작물이 피해를 입었어요. 백성들은 굶주려 힘든데, 봉상왕은 궁실을 크고 사치스럽게 만들었어요. 굶주림과 나랏일에 자주 동원되는 백성의 고통을 나몰라라 하는 봉상왕에게 많은 신하가 하소연했지만 소용없었어요. 봉상왕 9년이던 300년에는 봄부터 가을까지 비가 내리지 않아, 굶주린 백성들끼리 서로 잡아먹을 지경에 이르렀어요. 그런데도 봉상왕은 이해 8월에 궁실을 고치겠다며 15세 이상 되는 사람을 모아 강제로 일을 시켰지요. 그러자 힘겨워진 백성들은 이를 피해 여기저기를 떠돌아다녔어요. 고민에 빠진 국상 창조리는 왕에게 건의했어요.
"지금 흉년으로 백성들은 굶주려 고통을 받으며 이리저리 떠돌아다닙니다. 백성의 부모인 왕께서는 백성들의 고통을 헤아려 주소서."
하지만 봉상왕은 창조리의 건의를 듣지 않았어요.

창조리가 봉상왕을 폐위시켰어요

창조리는 흉년과 궁실 공사로 백성들이 힘들어하는 틈을 타 모용외가 쳐들어올지도 모른다고 했어요. 그러자 봉상왕은 화를 벌컥 내며 말했어요.

"궁실이 크고 화려해야 백성이 임금을 우러러보거늘, 국상이 나를 비난하는 것은 백성에게 칭찬받고자 함이 아닌가?"

그러자 창조리가 다시 왕에게 아뢰었어요.

"신하 된 자로서 잘못된 일을 어찌 임금께 아뢰지 않겠습니까? 백성의 칭찬을 바라는 것이 아닙니다."

위기 속에서 흔들리는 나라의 운명

하지만 봉상왕은 창조리를 노려보며 말했어요.
"국상은 백성을 위해 죽겠다면 모를까 그렇지 않다면 이제 그만 말하라!"
창조리는 봉상왕이 계속해서 백성들을 고통 속으로 몰아가리라 여겼어요. 더구나 자신을 비롯한 생각이 다른 많은 신하를 죽일지도 모를 일이었고요. 창조리는 신하들과 논의한 끝에 봉상왕을 몰아냈어요. 그러고는 숨어 지내던 봉상왕의 동생인 돌고의 아들, 을불을 왕위에 올렸지요. 을불이 바로 제15대 왕인 미천왕이에요.

삼국사기 배움터

왕을 내쫓은 신하들

700여 년의 고구려 역사에서 신하가 왕을 왕위에서 끌어내린 사건은 《삼국사기》에 모두 네 번 기록되어 있어요.

처음 일어난 사건은 53년에 왕의 시중을 들던 두로가 제5대 왕인 모본왕을 없앤 일이에요. 사납고 잔인한 모본왕은 늘 사람을 깔고 앉았으며, 베개 삼아 눕기도 했어요. 깔린 사람이 움직이면 죽이기도 했지요. 포악한 정치를 펼치자 결국 두로가 모본왕을 없앴어요.

그다음은 165년에 신하였던 명림답부가 제7대 왕인 차대왕을 없앤 사건으로, 차대왕 역시 태조왕의 아들과 신하를 죽이는 등 폭력 정치를 펼쳤어요.

==세 번째는 300년에 제14대 왕인 봉상왕이 흉년으로 고생하는 백성들에게 힘든 부역까지 시키자, 보다 못한 창조리가 봉상왕을 폐위시킨 일이에요.== 창조리는 미천왕을 왕위에 올렸고, 봉상왕은 스스로 목숨을 끊었어요.
==마지막은 642년, 연개소문이 제27대 왕인 영류왕을 죽이고 보장왕을 왕위에 올린 일이에요.== 왜 영류왕을 죽였는지는 기록에 나와 있지 않아요. 다만 연개소문이 강한 고구려를 만들고 싶은 나머지, 당나라와의 평화를 원했던 영류왕을 없앴다고 추측하지요. 이후 연개소문이 영류왕과는 달리 당나라와 타협하지 않고 결국 전쟁을 벌였거든요.

소금 장수에서 왕이 된 제15대 미천왕

소금 장수, 을불

봉상왕을 피해 정신없이 도망친 을불은 수실촌 사람 음모의 집에서 머슴살이를 했어요. 을불의 신분을 몰랐던 음모는 을불을 끊임없이 부렸어요.

"을불아, 개구리 소리가 시끄럽구나. 조용히 좀 시켜라."

"을불아, 땔감 좀 베어 오너라."

밤에는 돌을 던져 개구리를 쫓았고, 낮에는 나무 하느라 잠시도 쉬지 못했어요. 결국 을불은 음모의 집을 떠나 소금 장수를 하며 여러 지역의 생활과 풍속을 눈으로 보고 익혔어요.

위기 속에서 흔들리는 나라의 운명

어느 날 이웃에 사는 한 할머니가 을불에게 귀한 소금을 달라고 했어요. 처음에는 한 말을 주었으나, 계속 줄 수 없어 거절했지요. 그러자 할머니는 자신의 신발을 소금 보따리에 숨기고는 을불을 관아에 고소했어요. 을불이 아무리 변명을 해도 누구도 그의 이야기를 믿지 않았어요. 결국 을불은 신발값으로 소금을 몽땅 뺏기고 말았지요.

을불은 거지 몰골로 비류강 근처에 앉아 자신의 신세를 한탄했어요. 그때 창조리가 보낸 사람이 을불을 발견하고는 궁궐로 데려가 왕위에 올렸어요. 을불은 거지에서 한순간에 왕이 되었답니다.

중국 세력을 몰아냈어요

미천왕이 왕위에 오른 때에 중국은 '서진'이란 나라가 들어서 있었어요. 그 무렵 서진은 팔왕의 난으로 혼란스러웠는데 이를 틈타 미천왕은 우리나라에 남아 있던 중국 세력을 몰아내기로 했어요. 고구려군은 먼저 서진에 속해 있던 현도군을 침략했어요. 그리고 미천왕 12년이던 311년 가을에 요동의 서안평을 공격해 빼앗았어요. 313년 겨울에는 낙랑군을, 이듬해에는 대방군을 공격했어요. 이로써 4백 년 이상 이어졌던 중국 세력은 고구려에서 사라지게 되었지요.

★**팔왕의 난** 서진의 초대 황제인 진 무제가 자식과 형제, 친척 들을 전국 각지의 왕으로 삼았는데, 이들이 권력을 차지하기 위해 벌인 반란이에요.
★**현도군·낙랑군·대방군** 중국 한나라가 고구려에 만든 행정 구역이에요.

위기 속에서 흔들리는 나라의 운명

한편 중국의 지방 장관인 최비는 요동 지역의 권력자인 모용외를 없애기 위해 고구려와 함께 선비족인 단씨, 우문씨를 한편으로 끌어들였어요. 미천왕 20년에는 고구려, 단씨, 우문씨 연합군이 모용외를 공격했어요. 이때 모용외가 계략을 꾸몄어요. 우문씨에만 고기와 술을 보내 고구려와 단씨로 하여금 우문씨와 가까운 사이로 보이게 했지요. 그러자 고구려와 단씨는 군대를 철수시켰고, 우문씨만 홀로 모용외를 공격했어요. 결국 우문씨는 패배했고, 계획에 실패한 최비는 고구려로 망명했어요. 고구려도 자신들을 괴롭히던 모용외를 없앨 좋은 기회를 놓치고 말았지요.

강적들에게 시달린 제16대 고국원왕

전연의 모용황이 고구려를 침략했어요

미천왕의 아들인 고국원왕은 41년 동안 왕위에 있었어요. 그동안 고구려는 서북쪽으로는 전연, 남쪽으로는 백제와 싸웠어요. 전연은 봉상왕 때부터 고구려를 괴롭히던 모용외의 아들 모용황이 세운 나라였어요. 중국의 변방에 자리한 전연은 항상 중앙으로 진출하고 싶어 했어요. 그러기 위해서는 무엇보다 고구려를 굴복시켜야 했지요. 이를 알아챈 고국원왕은 전연의 공격에 대비해 국경에 성을 쌓았어요. 아니나 다를까 전연은 고구려를 침략해 왔어요. 둘은 이내 화해했지만 전연은 호시탐탐 고구려를 칠 궁리를 했지요.

위기 속에서 흔들리는 나라의 운명

고국원왕 12년이던 342년, 고국원왕은 전연과 전쟁이 일어나면 방어하기 좋은 산성인 환도성으로 도읍을 옮겼어요. 이즈음 전연도 고구려를 칠 준비를 했어요. 전연이 고구려를 침공해 올 만한 길은 두 개로, 남도는 험하면서 좁았고 북도는 길이 평평했어요. 고국원왕은 전연이 북도로 올 것이라고 생각해 동생 고무와 잘 훈련된 정예병 5만여 명을 북도에 보냈어요. 고국원왕은 약한 병력을 이끌고 직접 남도로 가서 방어했지요. 하지만 전연은 예상과 달리 약한 군사 1만 5천여 명이 평평한 북도로, 정예 군사 4만 5천여 명이 험한 남도를 통해 고구려로 쳐들어왔어요.

환도성이 무너지고, 미천왕의 시신을 빼앗겼어요

남도를 통해 고구려를 침략한 전연의 정예군은 고구려군을 무너뜨리고 파죽지세로 환도성에 쳐들어왔어요. 고국원왕은 어찌해 볼 틈도 없이 말을 타고 달아나기에 바빴지요. 그사이에 전연의 장군 모여니는 고국원왕의 어머니와 왕비를 사로잡았어요.

한편 북도로 간 고무와 고구려 정예병들은 전연의 군사 1만 5천여 명을 무찔렀어요. 이 소식을 들은 모용황은 환도성에 더 있다가는 고구려 정예병과 다시 싸워야 할 것 같아 서둘러 전연으로 돌아가기로 했어요.

위기 속에서 흔들리는 나라의 운명

모용황은 돌아가는 길에 환도성을 무너뜨리고 궁실을 불태워 버렸어요.
그리고 백성 5만여 명을 사로잡아 갔지요. 그뿐 아니라 창고의 온갖 보물과
함께 미천왕의 시신도 훔쳐 갔어요. 혹시라도 고구려가 공격해 올 때
방패막이로 이용하기 위해서였지요.
다음 해에 고국원왕이 많은 보물을 보내고서야 겨우 미천왕의 시신을
돌려받을 수 있었어요. 하지만 왕의 어머니는 훨씬 뒤에 고구려로 돌아올 수
있었지요.

고국원왕이 백제 근초고왕과 싸우다 전사했어요

고구려와 백제는 건국 이후 약 300년 동안 싸우지 않았어요. 그러다 서천왕 때인 286년, 고구려가 백제와 친한 대방군을 공격하자 백제의 제9대 왕인 책계왕이 군사를 보내면서 처음으로 맞붙었어요. 이후 80여 년 동안 두 나라 사이는 잠잠했어요. 하지만 고구려는 낙랑군과 대방군을 몰아내며 점차 영토를 넓혀 갔고, 백제도 북쪽으로 국경을 확장하려는 움직임을 보였지요.

위기 속에서 흔들리는 나라의 운명

고국원왕 39년이던 369년, 고국원왕이 2만여 군사를 이끌고 백제 땅 치양을 공격했어요. 그러자 백제 근초고왕은 태자를 보내 고구려군과 싸우게 했고 마침내 승리를 거두었어요. 2년 뒤, 고구려군은 다시 백제를 공격했어요. 근초고왕은 군사들을 숨겨 두었다가 한꺼번에 고구려군을 공격해 전멸시켰지요. 그해 겨울, 기세가 오른 근초고왕은 직접 3만여 군사를 이끌고 평양성을 공격했어요. 이때 고국원왕이 백제군을 막다가 날아오는 화살에 맞아 전사하고 말았답니다.

★치양 지금의 황해도 배천 지역을 가리켜요.

삼국사기 놀이터

봉상왕을 피해 궁궐에서 도망친 을불은 소금 장수에서 한순간에 왕이 되었어요. 그림 속 장면을 보며 다른 곳 다섯 개를 찾아 ○해 보세요.

고국원왕이 백제군에 전사하자, 아들 소수림왕은 나라를 안정시킬지 복수를 할지 고민에 빠졌어요. 결국 소수림왕은 나라를 안정시키는 길을 선택했어요.

소수림왕과 그 뒤를 이은 고국양왕은 고구려의 힘을 착착 키워 나갔어요.

광개토 대왕과 장수왕이 고구려의 기개를 펼칠 준비가 마련되어 간 셈이지요.

마침내 20여 년의 준비를 마친 고구려는 제19대 왕인 광개토 대왕의 즉위와 함께 영토를 사방으로 넓혀 나갔어요. 장수왕에 이어 그의 손자인 문자 명왕 때는 고구려 역사상 가장 넓은 영토를 차지하게 되었답니다.

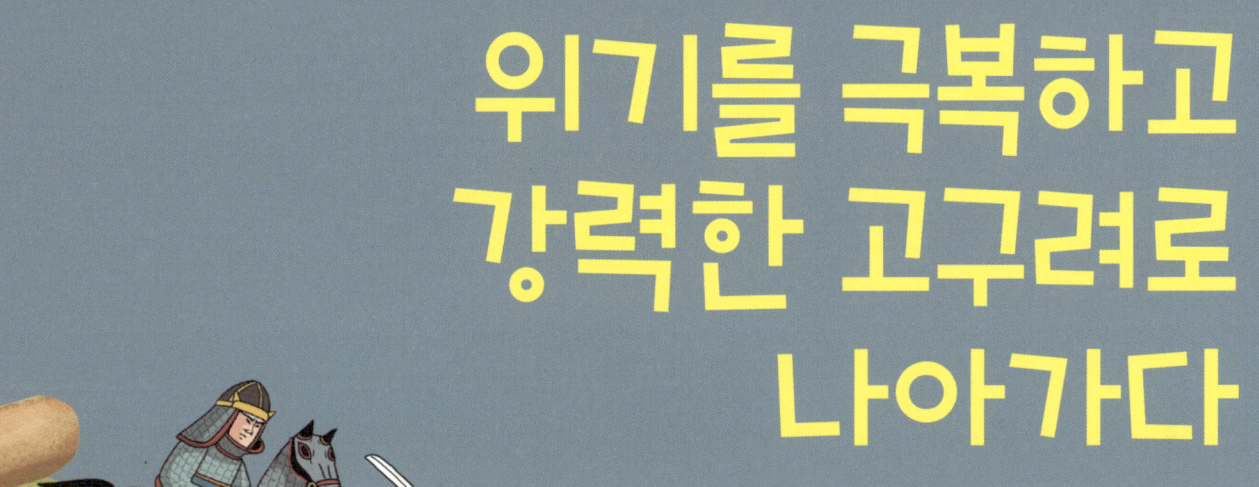

위기를 극복하고 강력한 고구려로 나아가다

나라 안을 정비한 제17대 소수림왕

나라의 토대를 마련했어요

소수림왕이 즉위하던 371년은 고구려가 아주 어려운 때였어요. 고구려 역사상 최초로 전투에서 왕이 전사하는 일이 일어났기 때문이지요. 소수림왕은 태자 때부터 16년을 아버지인 고국원왕 옆에서 보냈기에, 아버지를 죽인 백제에 대한 적개심이 남달랐어요. 하지만 소수림왕은 복수보다는 나라를 안정시키고 나라의 토대를 제대로 세우겠다고 결심했어요.

위기를 극복하고 강력한 고구려로 나아가다

372년, 소수림왕은 중국 전진에서 승려 순도를 통해 불상과 경문을 고구려에 보내오자 최초로 불교를 받아들였어요. 이어 '태학'이라는 국립 학교를 세웠어요. 태학에서는 왕이 나라를 다스리는 데 필요한 고급 인재를 키워 내 자연스럽게 왕권은 더욱 강해졌지요.

이듬해인 373년에는 율령을 반포했어요. '율령'은 나라의 질서를 유지하기 위한 법률과 규칙 등을 말하는데, 이러한 율령을 반포함으로써 나라의 체계를 확실히 하겠다는 의지를 나타냈지요.

★경문 불교의 교리를 적은 책이에요.

도약을 위한 밑거름이 되었어요

소수림왕은 불교를 받아들이고, 우리나라 최초로 초문사와 이불란사라는 절을 세웠어요. 불교는 고구려를 안정시키고 왕권을 강화하는 데 큰 몫을 했어요. 또 태학을 세우고, 율령을 반포하면서 나라가 더욱 튼튼해졌지요. 소수림왕은 이전보다 고구려를 내부적으로 더욱 강하게 만들었어요.

위기를 극복하고 강력한 고구려로 나아가다

소수림왕은 백제에 대한 복수 또한 잊지 않았어요. 소수림왕 5년에 백제의 수곡성을 공격하는 것을 시작으로, 고구려는 백제와 옥신각신 전투를 벌였어요. 고구려가 백제를 두 번 침략한 뒤, 소수림왕 7년에 백제의 근구수왕이 3만여 명의 병력으로 평양성을 공격했어요. 그러자 고구려군은 곧바로 백제를 공격했어요. 큰 성과는 없었으나, 이는 후에 광개토 대왕이 대대적으로 백제를 공격하는 준비이자 밑거름이 되었지요.

고구려의 적은 후연과 백제! 제18대 고국양왕

요동을 공격하고, 신라를 같은 편으로

소수림왕의 동생 고국양왕이 왕위에 오르던 해, 공교롭게도 요동에 후연이 세워졌어요. 후연은 전연을 이은 나라로, 아버지 고국원왕 때 환도성을 무너뜨려 큰 승리를 거둔 나라예요. 고국양왕은 후연이 세워졌다는 말에 고구려와 아버지의 원수를 갚을 기회라며 385년 여름, 4만여 명의 군사를 이끌고 요동을 공격했어요. 기습 공격에 성공한 고구려군은 포로 1만여 명을 데리고 돌아왔어요. 하지만 그해 겨울, 후연은 군사를 동원해 뺏긴 지역을 되찾았지요.

위기를 극복하고 강력한 고구려로 나아가다

이후 고구려는 백제로 눈을 돌렸어요. 소수림왕에 이어 고국양왕에게도 백제는 반드시 공략해야 할 상대였거든요. 하지만 고구려는 백제와의 전투에서 큰 성과를 거두지 못했어요. 심한 가뭄과 흉년으로 나라가 어려운 데다, 백제군에 백성 2백여 명을 빼앗기기까지 했지요.
고국양왕은 성급하게 백제를 공격하기보다 먼저 신라를 같은 편으로 만들기로 했어요. 신라 역시 고구려라는 강한 나라를 한편으로 두려고 했지요. 서로의 뜻을 알자 신라 내물왕은 조카 실성을 고구려로 보내, 두 나라는 손을 잡았어요.

★**실성** 내물왕에 이은 신라 제18대 왕이에요.

영토를 넓혀라! 제19대 광개토 대왕

백제와 거란을 공격했어요

광개토 대왕은 소수림왕의 조카이자 제18대 왕인 고국양왕의 아들로, 열여덟 살에 왕위에 올라 22년 동안 나라를 다스렸어요. 안으로는 백성들의 생활을 풍요롭게 하고 밖으로는 백제와 중국 후연, 거란 등 주변국을 떨게 만들었지요.

391년, 광개토 대왕은 왕위에 오르자마자 곧바로 4만여 군사를 이끌고 백제의 북쪽 국경을 공격해 석현성★ 등 10개 성을 빼앗았어요. 그해 겨울에는 백제 관미성★을 공격해 20여 일 만에 함락시켰고요.

★ **석현성** 지금의 황해도 개풍 지역에 있던 성이에요.
★ **관미성** 사면이 깎아지른 절벽으로 된 요새로, 백제가 북방으로 나아가기 위한 중요한 성이었어요. 위치는 확실하지 않아요.

위기를 극복하고 강력한 고구려로 나아가다

그러자 백제가 392년과 393년에 연이어 고구려를 공격했어요. 하지만 광개토 대왕의 정예 기병들에게 패하고 말았지요. 이후 고구려는 백제의 침략에 대비해 남쪽 국경에 7개의 성을 쌓고는 백제군을 패수(예성강)에서 물리쳐 포로 8천여 명을 사로잡았어요. 이렇듯 광개토 대왕은 즉위 초기에 주로 백제를 공격해 남쪽으로 영토를 넓혀 갔어요. 동시에 거란을 공격해 거란에 잡혀 갔던 고구려 백성 1만여 명을 데려왔지요.

중국 후연에 맞서 싸웠어요

광개토 대왕은 백제 정벌을 어느 정도 마무리 짓고 북쪽으로 눈을 돌려 중국 후연을 공격해 요동 지역을 차지했어요. 후연은 전연의 모용수가 세운 나라로, 광개토 대왕의 아버지인 고국양왕 2년 때 요동을 두고 치열하게 싸웠지요. 14년 뒤인 399년, 후연이 고구려를 침략해 요동 지역의 신성과 남소성을 빼앗자, 광개토 대왕은 401년에 요하를 건너 후연의 숙군성을 공격해 승리를 거두었어요. 숙군성을 빼앗긴 후연은 연이어 고구려의 요동성, 목저성을 공격했으나 실패하고 말았지요.

★**숙군성** 요동을 지나 요하의 서쪽인 요서 지역에 있는 성으로, 후연의 도읍과 가까웠어요.

위기를 극복하고 강력한 고구려로 나아가다

후연은 고구려와의 전투로 희생이 많은 데다, 왕이 폭정을 하다 살해당해 결국 멸망하고 말았어요. 후연에 이어 세워진 북연은 고구려 사람인 고화의 손자 고운이 왕으로 있던 나라로, 광개토 대왕은 사신을 보내는 등 북연과 사이좋게 지냈어요.

광개토 대왕은 〈삼국사기〉에 기록된 것 외에도 많은 업적을 남겼어요. 중국 지린성 지안현에 있는 '광개토 대왕릉비'에는 고구려의 건국 이야기와 함께 광개토 대왕의 정복 전쟁에 관한 기록이 많이 담겨 있답니다.

광개토 대왕의 업적을 기린 '광개토 대왕릉비'

광개토 대왕은 18세에 왕위에 올라 22년 동안 고구려를 다스리며 수많은 업적을 남겼어요. 〈삼국사기〉에는 광개토 대왕의 업적이 매우 간단히 기록되어 있지만, 아들 장수왕이 세운 '광개토 대왕릉비'에는 광개토 대왕이 이룬 업적이 보다 자세히 기록되어 있어요. 중국 지린성 지안현에 있는 '광개토 대왕릉비'는 6.39미터의 거대한 돌로, 네 면에 1,775자가 새겨져 있어요. '호태왕비'라고도 하는 이 비에는 크게 세 가지가 기록되어 있어요.

호우명 그릇

우선 고구려의 건국 이야기와 광개토 대왕의 족보가 담겨 있어요. 그다음으로는 광개토 대왕이 백제와 요동을 공략하고, 왜군을 물리쳤으며 동부여를 정복하는 등의 업적을 이룩했다고 쓰여 있어요. 특히 〈삼국사기〉에 없는 기록으로, 신라 내물왕의 요청으로 광개토 대왕이 5만 명의 고구려군을 보내 낙동강 유역에서 왜군을 물리쳤다는 내용이 실려 있어요. 이를 증명이라도 하듯 광개토 대왕과 관련된 유물이 신라에서도 발견되었답니다. 바로 호우총에서 발굴된 '호우명 그릇'이에요. 그릇에는 '광개토 대왕을 기념하는 호우'라는 뜻의 글자가 쓰여 있지요. 마지막으로 왕릉을 지킬 사람에 대한 이름과 규정도 적혀 있답니다.

◀ 2002년에 구리시 교문동 광장에 세워진 동상으로, 오른손에는 삼족오가 새겨진 알을 들고 있어요.

광개토 대왕릉비

평화의 시대를 연 제20대 장수왕

평양으로 도읍을 옮기고 백제 한성을 공격했어요

광개토 대왕의 맏아들 장수왕은 79년 동안 왕위에 있었어요.
'아버지 때 요동과 만주 지역 대부분을 차지했으니, 이제는 남쪽으로 내려가야 할 때야.'
장수왕은 왕위에 오른 지 15년이 되던 427년에 도읍을 국내성에서 평양으로 옮겨 남하 정책을 펼쳤어요. 그러자 위기를 느낀 신라와 백제가 '나제 동맹'을 맺었지요.

위기를 극복하고 강력한 고구려로 나아가다

나제 동맹 이후 고구려는 두 나라를 쉽게 공격할 수 없었어요. 그러던 어느 날 백제의 개로왕이 중국 북위에 사신을 보내 고구려를 같이 공격하자고 했어요. 북위와 외교를 맺고 있던 고구려는 백제의 이런 움직임을 눈치챘지요. 475년, 장수왕은 군사 3만여 명을 이끌고 백제 도읍인 한성을 공격해 개로왕을 죽이고 포로 8천여 명을 사로잡았어요. 이렇게 남쪽으로 영토를 넓혀 한강 유역을 점령한 장수왕은 충주 고구려비를 세웠어요.

★**충주 고구려비** 고구려가 남한강 지역까지 영토를 넓혔다는 것을 보여 주는 중요한 사료예요.

조공 외교로 전성기를 맞이한 고구려

장수왕 때 중국은 남북조 시대로 남쪽에는 남조의 송나라가, 북쪽은 북위와 북연이 다툰 끝에 북위가 다스리며 어수선한 때였어요.

"굳이 북위와 싸울 필요 없다. 고구려에서 나는 귀한 예물을 보내 평화롭게 지내는 것이 낫겠구나."

고구려는 북위에 조공을 보냈고, 두 나라는 사이좋게 지냈어요. 또한 장수왕은 남조의 송나라에도 사신을 보내 좋은 관계를 유지하고자 했어요.

★**남북조 시대** 중국 역사상 420~589년 사이의 시대로, 남조에는 송·제 등의 나라가, 북조에는 북위·동위·서위 등이 들어섰어요. 나중에 수나라가 통일하지요.
★**조공** 다른 나라에 사신과 예물을 보내 예의를 표하고, 받은 나라에서는 그에 답례하는 것을 말해요.

위기를 극복하고 강력한 고구려로 나아가다

장수왕의 조공 외교는 단순히 중국에 고구려가 굴복한 것이 아니었어요. 어지러운 시기에 불필요한 싸움을 줄이고 평화롭게 지내려는 훌륭한 외교 전략이었지요. 북위와 송, 두 나라 역시 평화롭게 지내는 편이 훨씬 이득이라 여겼어요. 이러한 장수왕의 외교 전략 덕분에 전성기를 맞은 고구려는 중국과의 전쟁 없이 나라를 안정적으로 이끌었고, 군사력을 남쪽으로 집중할 수 있었답니다.

불안한 평화의 시대, 제25대 평원왕

중국을 통일한 수나라

세월이 흘러 평원왕이 고구려의 제25대 왕이 되었어요. 당시 중국에는 북제, 북주, 진나라 등 세 나라가 서로 힘을 겨루고 있었어요. 북주와는 한바탕 싸움이 있었으나 고구려는 이 세 나라와 사이가 나쁘지 않았어요. 하지만 평원왕 말기인 589년, 중국에 분열되어 있던 여러 나라를 통일한 수나라가 등장하면서 고구려와 중국 사이에 긴장감이 감돌기 시작했지요.

위기를 극복하고 강력한 고구려로 나아가다

한나라 멸망 이후 중국은 오랫동안 여러 나라로 분열되어 있어서 어느 한 나라가 막강한 힘을 갖지 못했어요. 이에 고구려는 중국의 여러 나라들과 적당히 사이좋게 지낼 수 있었지요. 수나라의 황제가 고구려 사신을 초청해 잔치를 베풀 정도로 수나라와의 관계도 나쁘지 않았고요. 하지만 하나로 통일된 중국은 힘이 아주 강했기 때문에 고구려로서는 긴장할 수밖에 없었어요. 수나라의 중국 통일 후, 평원왕은 수나라의 침략에 대비하기 시작했어요.

위아래에서 압박을 받았어요

수나라가 중국을 통일할 때쯤 고구려는 사실상 수나라와의 외교가 끊어졌어요. 그러자 수나라 황제는 고구려에 편지를 보내 협박했어요.
"지금 고구려는 수나라에 정성과 예절을 다하고 있지 않다. 내가 너희 왕을 바꿀 수도 있으니 지금이라도 마음을 고쳐 수나라에 정성을 다하라."
한편 남쪽에서는 신라 진흥왕이 무서운 기세로 고구려를 압박해 왔어요. 고구려 땅이었던 함경남도까지 점령해 그 지역에 황초령 순수비, 마운령 순수비를 세울 정도였지요. 고구려는 공격해 오는 신라에 제대로 대응하지 못했어요.

위기를 극복하고 강력한 고구려로 나아가다

비록 위와 아래에서 오는 압박이 심했지만 평원왕은 백성들의 생활을 안정시키려 힘썼어요. 궁궐을 수리하다 흉년이 들자 이를 중단하는가 하면, 급하지 않은 일로 백성들을 동원하지 않고 농사에 힘쓸 수 있도록 관리들을 지방으로 파견했지요. 수나라의 침략에 대비한 준비도 차근차근 해 나갔어요. 아버지인 양원왕 때부터 짓기 시작해 40여 년 만에 완성된 장안성으로 도읍을 옮겨 무기를 수리하고 곡식을 쌓아 두었지요. 그 결실은 아들인 영양왕 때 드러났답니다.

고구려의 도읍을 찾아서

고구려의 도읍은 어디였을까요? 〈삼국사기〉에는 고구려가 세워지고 멸망하기까지 일곱 번에 걸쳐 도읍을 옮겼다고 기록되어 있어요. 먼저 제2대 왕인 유리왕 3년에, 주몽이 도읍으로 삼았던 졸본에서 국내성으로 옮겼어요. 곡식이 잘 자라고, 지형이 깊고 험해 전쟁 걱정이 덜했기 때문이지요. 209년, 제10대 왕인 산상왕 때는 환도성으로 도읍을 옮겼어요. 외적의 공격을 방어하기 쉬울 뿐 아니라, 당시 권력을 잡고 있던 왕비와 귀족들의 세력을 약화시킬 목적도 있었던 것으로 짐작돼요. 246년, 제11대 왕인 동천왕 때에는 위나라 관구검의 침략으로 환도성이 함락되자, 이듬해에 급히 평양성을 쌓고★ 도읍을 옮겼어요. 고조선을 세운 단군왕검이 도읍으로 삼았던 곳이지요. 342년, 제16대 왕인 고국원왕은 파괴된 환도성을 수리한 뒤 그곳으로 도읍을 옮겼어요. 전연의 침략을 대비할 목적이 컸지요. 하지만 전연이 환도성을 공격해 파괴하고는 미천왕의 시신까지 훔쳐 가자, 고국원왕은 343년 동황성으로 도읍을★ 옮겼어요. 427년, 제20대 왕인 장수왕은 남진 정책을 위해 평양성으로 도읍을★ 옮겼어요. 이곳에서 160여 년을 지내다 제25대 왕인 평원왕 말기에 인근 장안성으로 도읍을 옮겨 멸망할 때까지 있었지요.

★**평양성** 환도성(중국 지린성 지안시) 근처의 어느 성으로 추정해요.
★**동황성** 성의 위치는 환도성 근처라고도 하고 평양성 근처라고도 해요.
★**평양성** 지금의 북한 평양의 대성산 지역을 뜻해요.

삼국사기 놀이터

〈삼국사기〉에는 다양한 인물들의 모험과 대결이 가득해요. 고구려의 역사 속에서 치열하게 경쟁했던 인물들끼리 알맞게 연결해 보세요.

연개소문

전투력 ★★★★
특기 칼 다섯 자루의 비도술

광개토 대왕

전투력 ★★★★★
특기 땅 따먹기

고국원왕

전투력 ★★★
특기 동시에 싸우기

후연 왕
전투력 ★★
특기 폭정

근초고왕
전투력 ★★★★
특기 땅 넓히기

당태종
전투력 ★★★
특기 치고 빠지기

고구려는 네 차례에 걸친 수나라의 침략을 물리쳤어요. 하지만 전쟁으로
수많은 사람이 피해를 입고 물자가 파괴되었지요. 고구려는 수나라에
이어 들어선 당나라와는 평화롭게 지내기를 원했어요.
영류왕 때는 평화가 이어졌으나, 권력자 연개소문의 등장 이후 고구려와
당나라의 관계는 확연히 달라졌어요. 남쪽의 변화도 컸지요. 신라가
당나라와 손잡고 백제를 멸망시킨 거예요. 당나라와 신라는 점점 고구려를
압박해 왔고, 결국 700여 년의 고구려 역사는 막을 내렸어요.

수·당과의 전쟁과 고구려의 멸망

수나라와 운명을 같이한 제26대 영양왕

수나라와의 1차 전쟁

수나라가 중국을 통일한 이듬해인 590년, 고구려에서는 영양왕이 왕위에 올랐어요. 영양왕은 수나라에 사신을 보내며 좋은 관계를 유지하려 했지만 수나라와의 관계는 곧 나빠졌어요. 598년에 영양왕이 직접 말갈군 1만여 명을 이끌고 요서 지역을 공격했거든요. 고구려의 선제공격에 당황한 수나라 문제는 아들 양량과 측근인 왕세적에게 군사 30만여 명을 이끌고 가서 고구려를 공격하라고 명령했어요.

수·당과의 전쟁과 고구려의 멸망

하지만 영양왕의 기습 공격에 당황한 수나라의 군대는 미처 군량미를 충분히 준비하지 못했어요. 게다가 전염병이 돌아 군사들은 싸워 보지도 못하고 죽고 말았지요. 설상가상으로 바닷길로 공격하려던 수나라 해군은 강한 바람을 만나 배가 침몰하고 말았어요. 군량미 부족과 전염병, 폭풍 등의 악조건을 이기지 못한 채, 결국 수나라의 30만 대군은 고구려에 이르지도 못하고 패했답니다.

후방을 든든히 하고 역사책을 만들었어요

고구려와 수나라 사이에 전쟁이 일어나자 백제는 그 틈을 타 수나라를 돕겠다고 나섰어요. 이를 알게 된 고구려는 수나라와의 전쟁을 잘 치르기 위해 먼저 후방인 백제와 신라를 군사력으로 제압하기로 했어요. 수나라와의 전쟁에서 승리한 후 사기가 오른 고구려는 백제와 신라를 차례대로 공격해 백제의 석두성과 신라의 우명산성을 빼앗고 많은 포로를 잡아 왔어요. 영양왕 때의 고구려는 점차 예전의 강한 고구려를 되찾아 갔지요.

수·당과의 전쟁과 고구려의 멸망

뿐만 아니라 영양왕은 600년에 태학박사* 이문진에게 고구려의 역사를 정리한 〈신집〉이라는 책을 만들도록 했어요. 영양왕은 역사책 편찬을 통해 고구려 사람들에게 자부심을 갖게 하고, 또다시 닥칠 수 있는 수나라와의 전쟁에서 강력한 왕권을 바탕으로 나라가 하나로 뭉치기를 바랐던 것이지요.

★**태학박사** 국립 교육 기관인 태학에서 학문을 가르치는 일을 맡아보던 벼슬이에요.

수나라와의 2차 전쟁

고구려와 수나라의 1차 전쟁이 끝난 뒤, 수나라에서는 양제가 제2대 황제가 되었어요. 양제도 아버지 문제와 마찬가지로 고구려를 정복하려 했지요.
607년, 양제는 수나라에 항복한 돌궐에서 고구려 사신을 만나 말했어요.
"영양왕에게 가서 문안을 올리라고 전해라. 그렇지 않으면 돌궐 군사들과 함께 고구려를 칠 것이다."
그 말을 전해 들은 영양왕은 양제의 말을 무시했어요.

수·당과의 전쟁과 고구려의 멸망

612년, 결국 수나라가 고구려를 침공했어요. 이때 수나라 군사는 약 113만 명에 이르는 대군이었고, 군량을 수송하는 인원은 그 두 배였어요. 병력이 얼마나 많은지 모두 출정하는 데 40여 일이나 걸렸지요. 먼저 수나라는 고구려의 요동성을 공격해 함락 직전에 이르렀어요.

그런데 양제는 고구려를 공격할 때와 후퇴할 때 반드시 자신에게 보고하라는 명령을 내렸어요. 그래서 수의 군대는 요동성 공격을 멈추고 양제에게 보고하느라 시간을 허비했어요. 그사이에 고구려군은 방어를 강화해 다시 전투에 임할 수 있었지요. 하지만 양제는 자신의 잘못을 몰랐어요.

을지문덕의 작전으로 살수 대첩을 승리로 이끌었어요

한편 수나라 장군 우중문과 우문술이 이끄는 30만 대군이 평양성으로 가기 위해 압록강가에 모여 있었어요. 이때 고구려의 을지문덕 장군은 영양왕의 명령에 따라 수나라군을 정탐하기 위해 거짓으로 항복했어요. 그러고는 수나라군의 강점과 약점을 알아냈지요. 사실 을지문덕이 항복해 오면 그를 없애라는 양제의 명령이 있었어요. 다행히 수나라의 위무사 유사룡이 을지문덕을 살려 주자고 한 덕분에 그는 위기를 모면하고 고구려 진지로 돌아올 수 있었지요.

★**위무사** 백성이나 군사 들을 위로하기 위해 파견한 관리를 뜻해요.

수·당과의 전쟁과 고구려의 멸망

수나라군이 밀어닥치자 을지문덕이 이끄는 고구려군은 하루에 일곱 번 싸워 모두 지면서 수나라군을 평양성 앞까지 유인했어요. 그런데 수나라군은 이기고 있음에도 이미 군량미가 떨어져 사기가 꺾여 있었어요. 이때 을지문덕이 우문술에게 편지를 보냈어요.

"군대를 돌리시면 저희 왕을 모시고 황제를 찾아뵙겠습니다."

이에 우문술은 승리를 확신하며 후퇴했어요. 하지만 고구려군은 그 뒤를 쫓아 수나라 병사들이 살수(청천강)를 건널 때 총공격을 펼쳐 크게 이겼어요. 그 결과 30만 수나라 군사 중에 돌아간 사람이 3천 명이 채 안 되었다고 해요. 살수에서 벌어진 이 싸움을 '살수 대첩'이라고 부르지요.

계속된 전쟁과 수나라의 멸망

고구려 정벌에 실패한 양제는 613년에 다시 고구려를 침공했어요. 지난번 실패를 거울삼아 이번에는 군대의 자율에 맡겨 공격하도록 했어요. 수나라는 요동성을 함락시키기 위해 운제를 사용해 공격했어요. 또 흙을 담은 베주머니 100만여 개를 쌓아 올려 성과 같은 높이에서 화살을 쏘며 공격하기도 했지요. 마침내 요동성이 함락되려는 찰나, 수나라에서 양현감이 반란을 일으켰다는 소식이 전해졌어요. 양제는 다급히 수나라로 돌아갔고, 고구려군은 수나라 군대를 쫓아가 공격을 퍼부어 수천 명을 죽였어요.

★운제 성을 공격할 때 썼던 높은 사다리예요.

수·당과의 전쟁과 고구려의 멸망

반란군을 진압한 양제는 614년에 또 고구려를 침략했어요. 연이은 수나라의 침공에 고구려 백성들도 무척 힘들어했어요. 영양왕은 하는 수 없이 사신을 보내 화의를 요청했어요. 그러고는 양현감과 가까운 인물로, 고구려에 망명했던 곡사정을 수나라로 돌려보냈어요. 그러자 수나라군이 자기 나라로 돌아갔어요. 한편 수나라는 고구려 침공의 실패와 대규모 토목 공사에 따른 백성들의 불만 등으로 618년에 멸망하고 말았어요. 그해, 수나라 대군을 막은 영양왕도 세상을 떠났지요.

★화의 싸우지 말고 서로 화해하자는 것을 말해요.

평화를 고집하다 비극을 맞은 제27대 영류왕

당나라의 건국과 영류왕의 친당 정책

수나라가 멸망하고 당나라가 세워진 618년에 영류왕이 고구려 제27대 왕이 되었어요. 영류왕은 영양왕의 이복동생으로, 수나라와의 전쟁에서 큰 공을 세웠지요. 그래서 백성들은 영류왕이 수나라 때와 같이 당나라와도 대등하게 맞설 거라고 생각했어요. 하지만 영류왕은 수나라와의 전쟁을 치르면서 땅이 망가지고, 백성들이 힘들어하는 것을 보았지요. 그래서 당나라와 싸우지 않고 평화롭게 지내고자 했어요.

수·당과의 전쟁과 고구려의 멸망

영류왕은 당나라에 사신을 보내 조공하고, 각 나라에 전쟁 포로로 잡혀 있던 백성들을 교환했어요. 또한 당나라에 사람을 보내 불교와 도교를 전파하는 등, 당나라와 평화로운 관계를 이어 갔지요. 하지만 당나라 제2대 황제인 태종이 등장하면서 두 나라의 관계는 미묘하게 바뀌었어요. 당나라 사신이 고구려가 수나라와의 전쟁에서 이긴 기념으로 세운 경관을 허무는 일이 일어났지요. 그러자 고구려 조정에서는 당나라를 견제해야 한다는 목소리가 높아졌어요.

천리장성과 진대덕의 스파이 활동

영류왕은 곧바로 천리장성을 쌓도록 명했어요. 당나라의 침략을 막기 위해 동북쪽의 부여성에서 서남쪽의 바다까지 연결해 쌓은 천리장성은 총 16년에 걸쳐 만들어졌어요. 당나라의 침공에 대비하는 한편, 태자를 당나라에 보내는 등 당나라와의 외교는 계속 이어 갔어요. 641년, 당나라에서 진대덕이란 사신이 고구려로 답방을 왔어요. 고구려로 떠나기 전, 당 태종은 진대덕에게 밀명을 내렸어요.

"고구려를 둘러보고 그 상황을 보고하라."

★**답방** 상대의 방문에 대한 답례로 방문하는 것을 말해요.
★**밀명** 몰래 내리는 명령을 가리켜요.

수·당과의 전쟁과 고구려의 멸망

진대덕은 사실 당나라가 보낸 스파이였어요. 진대덕은 고구려 관리들에게 비단을 주며 고구려 곳곳을 보여 달라고 했어요. 그로 인해 진대덕은 고구려 땅의 세세한 곳까지 알 수 있었지요. 또한 고구려에 사는 중국 사람들을 만나 그들의 고향 이야기도 전했어요. 영류왕은 진대덕의 그러한 흑심도 모른 채 오히려 성대한 잔치를 베풀어 주었어요. 마음껏 조사한 진대덕은 자신이 보고 들은 것을 모두 기록해 당나라 황제에게 보고했어요. 그러자 당 태종은 크게 기뻐하며, 고구려를 어떻게 공략할지 연구했어요.

★**흑심** 음흉하고 교활한 생각을 뜻해요.

연개소문이 영류왕을 죽였어요

동부 출신 연개소문은 아버지인 연태조의 뒤를 이어 대대로★가 되었어요. 그런데 영류왕과 연개소문은 사이가 좋지 않았어요. 특히 당나라에 대한 입장이 서로 달랐어요. 영류왕은 당나라와 평화롭게 지내야 한다고 주장한 반면, 연개소문은 당나라에 맞서야 한다고 주장했지요.

영류왕은 연개소문이 자신을 해치기 전에 먼저 없애려고 했어요. 하지만 영류왕의 계획을 눈치챈 연개소문은 642년 겨울, 도성 남쪽에 술과 음식을 성대히 차려 놓고는 신하들을 불러 열병식★을 구경하게 했어요.

열병식이 시작되자, 병사들이 한꺼번에 신하들을 기습해 100여 명을 죽였어요. 연개소문은 곧바로 말을 타고 궁궐로 달려가 창고에 불을 지르고 영류왕을 찾아 없앴지요. 그러고는 영류왕의 조카인 고장을 왕위에 올렸어요. 이 임금이 고구려의 마지막 왕인 제28대 보장왕이에요.

보장왕을 앞세워 고구려의 실질적인 권력자가 된 연개소문은 최고 관직인 막리지가 되어 군사와 행정을 도맡았어요. 이후 고구려와 당나라 사이에는 점차 긴장감이 감돌기 시작했지요.

★**대대로** 고구려 중·후기에 나랏일을 맡아 수행하던 높은 관직이에요.
★**열병식** 군사들을 한데 모아 훈련 상태를 보는 것을 말해요.

삼국사기 배움터

고구려 말 최고 권력자, 연개소문

<삼국사기>의 열전에는 연개소문이 '씩씩하고 뛰어나며, 기상이 호탕하다.'라고 기록되어 있어요. 하지만 또 다른 기록에는 '성격이 잔인하고 포악하다.'라고 나오지요. 그만큼 연개소문에 대한 평가는 나뉘었어요.

연개소문이 아버지의 뒤를 이어 대대로에 오를 때, 조정의 신하들은 연개소문을 반대했어요. 그의 잔인한 성격 때문이었지요. 하지만 영류왕이 신하들을 설득해 대대로가 되었고, 영류왕의 명령으로 천리장성 감독을 맡기도 했어요. 그런데 연개소문은 영류왕의 당나라와 가깝게 지내는 '친당 정책'이 마음에 들지 않았어요. 결국 연개소문은 영류왕을 죽이고 보장왕을 왕위에 올렸지요.

연개소문은 칼 다섯 자루를 차고 다녔으며, 말을 타고 내릴 때 군사를 땅에 엎드리게 해 발판으로 삼았어요. 또 밖에 나갈 때는 좌우에서 군대가 따라갔고, 연개소문이 지나갈 때 백성들은 옆으로 흩어지기 바빴지요. 그야말로 연개소문의 위세는 하늘을 찔렀어요. 때로는 당나라의 침략에 맞선 강력한 리더십을 지닌 고구려의 명장으로, 때로는 권력을 위해 왕까지 죽인 반역자로, 연개소문에 대한 평가는 지금까지도 다양하답니다.

▶ 중국 구이저우 지역의 탈로, 연개소문을 나타내요. 중국인들에게 연개소문이 얼마나 무서운 존재였는지 잘 보여 주지요.

당 태종

설인귀

연개소문

막리지 비도대전 연개소문이 당 태종을 향해 칼을 던지자 설인귀가 막는 장면이에요.

나라의 멸망을 바라본 제28대 보장왕

연개소문이 당 사신과 말다툼을 벌였어요

보장왕이 왕위에 오르던 642년, 신라에서 김춘추가 사신으로 고구려에 왔어요. 백제가 신라를 공격해 대야성을 비롯한 여러 성을 빼앗자 구원을 요청하려고 왔던 거예요. 하지만 연개소문은 김춘추의 군사 요청을 거절했어요. 고구려 입장에서는 이 시기에 군사력이 강한 백제와 손잡는 것이 더 낫다고 생각했기 때문이지요. 결국 고구려는 백제와 함께 신라를 공격했어요.

수·당과의 전쟁과 고구려의 멸망

이듬해 신라는 당나라에 군대를 보내 줄 것을 부탁했어요. 이에 당 태종은 사신 상리현장을 고구려로 보내, 신라를 공격하지 말라고 전했어요. 그러자 연개소문은 상리현장에게 거절하며 말했어요.
"신라와의 원한 관계는 오래되었소. 우리가 수나라와 싸우는 틈을 타 신라가 우리 땅 500리를 빼앗았소. 그걸 되찾기 전엔 전쟁을 그만둘 수 없소."
이에 상리현장은 지금 고구려가 차지하고 있는 요동의 여러 성도 옛날에는 중국 땅이었지만, 중국은 가만히 있다며 설득하려 했지요. 하지만 연개소문은 자신의 뜻을 굽히지 않았어요.

당나라의 제1차 대규모 침공

상리현장의 보고를 들은 당 태종은 고구려를 공격하기로 마음먹었어요. 명분은 고구려와의 전쟁으로 죽은 군사들을 위한 복수, 신라의 군사 요청, 임금을 시해한 연개소문 없애기 등이었지만, 당 태종의 마음속에는 주변 나라 가운데 가장 강적인 고구려를 정복해 천하 통일을 이루고 싶은 꿈이 있었어요. 645년 당 태종은 직접 고구려 정벌에 나섰지요.

수·당과의 전쟁과 고구려의 멸망

전쟁 초기에 당나라는 파죽지세로 고구려의 여러 성을 빼앗았어요. 개모성, 비사성, 요동성, 백암성 등이 당나라군의 공격에 우수수 무너졌지요. 특히 요동성은 수나라와의 전쟁 때도 굳건히 버틴 곳이었는데, 당나라군이 포거로 수많은 돌을 쏘아 날리자 맞는 곳마다 부서졌어요. 그 틈에 성안으로 들어온 당나라군이 불을 지르며 고구려군을 물리쳤어요. 요동성 전투에서 이긴 당나라군은 안시성으로 향했어요. 고구려에서는 구원군 15만여 명을 안시성으로 보냈지요. 하지만 당나라군이 고구려군을 앞뒤로 포위해 구원군이 안시성에 다다르지 못했어요.

★**포거** 전투에 사용했던, 큰 돌을 멀리 날려 보내는 수레예요.

당나라의 침략을 멈추게 한 안시성 전투

구원군은 없었지만 안시성 성주를 비롯해 병사들과 백성들은 목숨 걸고 성을 지켰어요. 얼마나 방어를 잘했는지 당 태종은 안시성을 지나쳐 건안성이나 오골성을 정복하고 도읍인 평양성으로 가려고 했지요. 하지만 신하들은 안시성을 함락시키지 않으면 뒤에서 고구려군이 당나라군을 공격해 위험에 빠질 수 있다며, 먼저 안시성을 무너뜨려야 한다고 했어요. 이때 도종이란 신하가 당 태종에게 안시성을 공략할 아이디어를 내놓았어요.

"안시성 옆에 흙산을 쌓아 공격하면 안시성을 무너뜨릴 수 있을 것입니다."

수·당과의 전쟁과 고구려의 멸망

이에 당 태종은 50만여 명을 동원해 두 달 가까이 흙산을 쌓았어요. 마침내 흙산이 성보다 높아져 당나라군의 공격이 곧 이루어질 참이었어요. 그런데 흙산이 무너지며 안시성을 덮치고 말았어요. 그러자 오히려 고구려군이 흙산을 기습 공격해 정상을 빼앗았지요. 당나라군이 3일 동안 고구려군을 공격했지만, 결국 후퇴할 수밖에 없었어요. 당나라군이 철수하는 날 안시성 성주가 당 태종에게 작별 인사를 하자, 당 태종은 성을 잘 지켰다며 비단 100필을 선물했다고 해요. 당나라와 고구려의 첫 번째 전쟁은 이렇게 당나라의 패배로 끝났어요.

★**안시성 성주** 조선 시대 때 쓰인 야사에는 안시성 성주가 '양만춘'이라고 나와요.

당의 '치고 빠지기' 작전과 당 태종의 죽음

고구려에 패한 뒤, 당나라는 전략을 바꿔 적은 병력으로 고구려의 국경을 공격하는 '치고 빠지기' 작전을 펼쳤어요. 전쟁으로 고구려 백성들이 농사짓기 힘들어지면 압록강 북쪽은 자연히 당나라 영토가 될 것이라고 생각했지요. 647년, 당나라는 육지와 바다를 통해 고구려를 수시로 공격하고는 되돌아갔어요. 작전이 성공하자, 당 태종은 다시 한 번 대대적으로 고구려를 공격할 계획을 세웠어요. 이때 한 신하가 당 태종에게 아뢰었어요.

수·당과의 전쟁과 고구려의 멸망

"많은 병력을 움직이려면 1년 정도 먹을 양식이 필요합니다. 육지보다는 배를 만들어 양식을 운반하는 것이 낫습니다."

이에 당 태종은 배를 만들어 고구려를 공격할 준비를 했어요. 그런데 649년에 당 태종이 돌연 세상을 뜨고 말았어요. 그는 고구려 침략을 그만두라는 유언을 남겼지요. 이후 몇 년 동안 고구려와 당나라 사이는 잠잠했어요. 그러다 655년 고구려·백제·말갈 연합군이 신라 국경의 33개 성을 빼앗자 신라 김춘추가 당나라에 구원병을 요청했어요. 고구려와 당나라 사이에 또다시 긴장감이 감돌면서, 두 나라는 몇 차례에 걸쳐 치고받았어요.

백제의 멸망과 당나라의 제2차 대규모 침공

660년, 백제가 나당 연합군에 멸망하자 당나라는 고구려를 침공할 계획을 세웠어요. 661년 여름, 육지와 바다를 통해 35개 군단이 고구려를 대대적으로 침공했어요. 가을에는 백제 정벌의 총사령관으로 이름을 날린 당나라 장군 소정방이 바닷길로 고구려에 상륙해, 대동강 근처에서 고구려군을 격파하고 평양성을 포위하기에 이르렀어요. 게다가 연개소문의 아들 남생이 이끄는 고구려의 정예군도 당나라의 계필하력이 이끄는 당나라군에 패해, 3만여 병력이 전사하는 참패를 당했지요.

수·당과의 전쟁과 고구려의 멸망

위기에 빠진 고구려는 연개소문을 중심으로 총력전을 펼쳤어요. 연개소문은 평양성 근처의 사수에서 당나라 장군 방효태가 이끄는 당나라군을 물리쳤어요. 방효태는 열세 명의 아들과 함께 전사했고, 당나라군은 대패했지요. 그러자 소정방의 군대도 후퇴를 결정했는데, 한겨울 추위와 식량이 부족해 어려움을 겪었어요. 이때 김유신 장군이 이끄는 신라군이 직접 평양성으로 식량을 전달해 당나라군은 무사히 후퇴할 수 있었지요.

연개소문이 죽고 세 아들의 권력 다툼이 일어났어요

백제가 멸망하고, 당나라와 신라의 연합은 고구려에 큰 부담이 되었어요. 신라를 견제할 백제가 사라지자 고구려는 사방으로 포위된 셈이었지요. 그런 가운데 665년, 연개소문이 세상을 뜨자 연개소문의 맏아들 남생이 막리지가 되어 아버지의 권력을 이어받았어요.

어느 날, 남생이 여러 성을 살피러 떠나는 동안 동생인 남건과 남산에게 나랏일을 잠시 맡겼어요. 그러자 어떤 사람이 두 동생에게 은밀히 말했어요.
"남생이 당신들을 없애려고 하니 대책을 세워야 합니다."

수·당과의 전쟁과 고구려의 멸망

동생들은 믿지 않았으나 꺼림칙했어요. 이어 그 사람은 남생에게도 말했어요.

"동생들이 권력을 뺏길까 봐 형이 돌아오지 못하도록 할 것입니다."

남생은 몰래 사람을 보내 알아보려 했으나 첩자가 동생들에게 붙잡히고 말았어요. 결국 동생 남건은 스스로 막리지에 올라 군대를 동원해 남생을 공격했지요. 달아난 남생은 옛 도읍인 국내성으로 피하고는 당나라에 구원병을 요청했어요. 마침내 남생은 당나라로 몸을 피했고, 고구려에서는 남건이 막리지로 정식 임명되었어요.

고구려가 멸망했어요

667년, 다시 당나라의 공격이 시작됐어요. 당나라는 이적을 총사령관으로 삼아 고구려 국경의 신성을 공격했어요. 신성은 요동에서 고구려로 들어가는 길목에 있는 성으로, 고구려의 왕들은 신성을 아주 중요하게 여겼어요. 그런데 사부구라는 반역자가 신성의 성주를 붙잡아 당나라군에 항복하면서 신성이 함락되고 말았어요. 그리고 또 다른 당나라 군대는 바다를 건너 곧바로 평양으로 향했지요.

수·당과의 전쟁과 고구려의 멸망

육지에서도 이적이 이끄는 당나라군이 평양을 향해 돌격해 왔어요.
당나라군은 남생의 길 안내를 받으며 고구려군의 별다른 저항 없이 진군했어요.
한편 신라군도 평양으로 올라왔어요. 마침내 평양성★에 모인 나당 연합군은
총공격을 펼쳐 한 달여 만에 고구려 보장왕의 항복을 받아 냈지요. 막리지
남건은 마지막까지 저항하며 버텼으나, 믿었던 부하의 배신으로 고구려는
결국 백제가 멸망한 지 8년 뒤인 668년에 멸망하고 말았어요.

★**평양성** 제25대 왕인 평원왕 이후 고구려의 도읍인 평양의 장안성을 뜻해요.

삼국사기 배움터

고구려 부흥 운동과 발해의 건국

668년, 고구려가 멸망하자 당나라는 고구려 땅을 아홉 개 지역으로 나누어 도독부를 두었어요. 평양에는 안동 도호부★와 함께 군사 2만여 명을 두고 고구려를 다스렸지요. 또한 수많은 고구려 사람을 중국 각 지역으로 흩어져 살게 했어요. 비록 고구려가 멸망했지만 고구려 사람들이 강하다는 것을 알기에 견제한 것이지요. 670년에는 검모잠이 고구려를 다시 세우기 위해 군사를 일으키고 왕족인 안승을 왕으로 올렸어요. 당나라와 관계가 틀어진 신라도 고구려 부흥에 힘을 더했지요. 신라 장군 설오유와 고구려 장군 고연무는 함께 군사를 이끌고 요동 지역을 공격하기도 했어요.

★**안동 도호부** 당나라가 고구려를 다스리기 위해 평양에 세운 통치 기관이에요.

▶ '해동성국'이라 불렸던 발해의 궁궐터예요.

하지만 내분이 생겨 안승이 검모잠을 죽이고 신라로 달아나 버렸어요. 671년에는 고구려 부흥의 중심지였던 안시성에서 남은 군사마저 당나라군에 패하면서 실질적으로 고구려 부흥 운동은 끝나고 말았지요.

한편 고구려가 멸망한 지 30년이 지난 698년, 고구려 유민 출신인 대조영이 지린성 동모산 근처에 '진'이란 나라를 세웠어요. 고구려 유민과 말갈족으로 구성된 나라로, 나중에 나라 이름을 '발해'로 바꾸었어요. 668년에 멸망한 고구려가 고구려의 후손이 세운 '발해'로 다시 태어난 셈이지요.

삼국사기 놀이터

700여 년의 고구려 역사는 나당 연합군에 의해 막을 내리고 말았어요. 아래 그림을 보고 고구려 역사를 장식한 사건들이 일어난 순서대로 번호를 써 보세요.

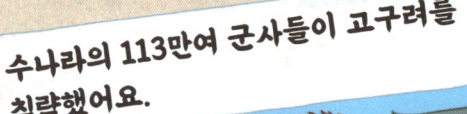
수나라의 113만여 군사들이 고구려를 침략했어요.

을지문덕이 살수에서 수나라 군대를 물리쳤어요.

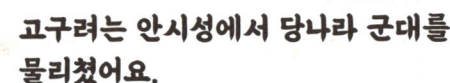
고구려는 안시성에서 당나라 군대를 물리쳤어요.

영양왕이 말갈군 1만여 명을 이끌고 수나라를 공격했어요.

고구려가 멸망했어요.

당나라의 진대덕이 고구려 이곳저곳을 살폈어요.

정답

▼ 32~33쪽

▼ 82~83쪽

▼ 118~119쪽

▼ 144~145쪽

▼ 182~183쪽

《그림으로 보는 삼국사기》 시리즈는 전 5권입니다.

1권   고구려 본기
2권   백제와 신라 본기
3권   신라 본기와 후삼국
4권   삼국을 빛낸 인물 열전
5권   열전과 잡지

《그림으로 보는 삼국지》와 함께 읽어요!

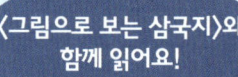